宮澤崇史の

理論でカラダを
速くする

プロの

ロードバイクトレーニング

日東書院

Takashi Miyazawa 宮澤崇史

1978年生まれ。長野県出身。高校卒業後、自転車競技をはじめる。イタリアなどでレース経験を積むが、23歳のとき、母親に肝臓の一部を移植。成績は一時期低迷する。しかしその後トップレベルに返り咲き、2010年全日本選手権優勝をはじめ多くの結果を残す。2012年には世界最高レベルのチーム「サクソバンク」に移籍するなど、世界的に活躍した。2014年引退。

2010年

全日本選手権ロードレース。シマノレーシングの2名を下して優勝し、ナショナルチャンピオンとなる

ツアー・ダウンアンダーでチームメイトを引き上げるべく、レースの先頭に立つ。小柄な体格ながら、世界のレーサーを相手に戦い続けた

2008 年のツール・ド・北海道を総合優勝。宮澤は翌年も優勝し、大会史上初の２連覇を果たした

ブリヂストンアンカー、エキップアサダ、NIPPO など強豪チームを渡りあるき、国内主要レースで多くの勝利を挙げた

2010年には
全日本選手権
ロードレースで優勝。
念願のナショナル
チャンピオンとなる

2010年

2012年、オランダ・リンブルフ州での世界選手権。世界戦には5回、日本代表として出場している

2011年 春

ミラノ-サンレモに出場。
出走前には日本を代表し、
東日本大震災の犠牲者へ黙とうが
捧げられた

2012年からの2年間は世界トップレベルのUCIプロチーム、サクソバンクの一員として走った

2014年

ジャパンカップを
もって現役を引退。
波乱に満ちた選手生活にピリオドを打った

引退後も指導者・解説者・
サドバイザーとして自転車
界に関わり続けている

本書の使いかた

図または写真
項目の内容を、わかりやすく視覚化してあります

本文
特に重要な個所は太字にしてあります

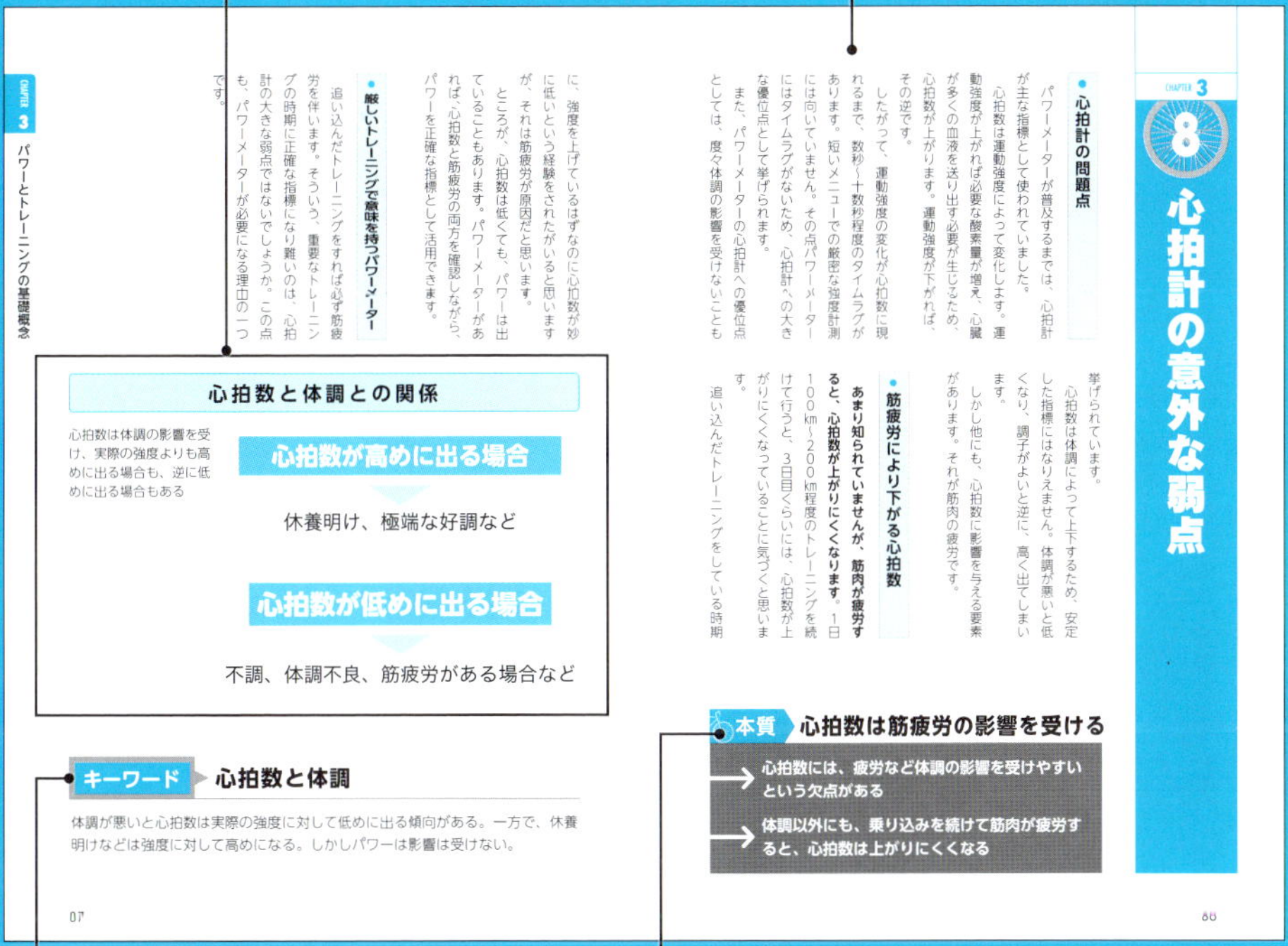

CHAPTER 3

8 心拍計の意外な弱点

● 心拍計の問題点

パワーメーターが普及するまでは、心拍計が主な指標として使われていました。

心拍数は運動強度によって変化します。運動強度が上がれば必要な酸素量が増え、心臓が多くの血液を送り出す必要が生じるため、心拍数が上がります。運動強度が下がれば、その逆です。

したがって、運動強度の変化が心拍数に現れるまで、数秒～十数秒程度のタイムラグがあります。短いメニューでの厳密な強度計測には向いていません。その点パワーメーターにはタイムラグがないため、心拍計への大きな優位点として挙げられます。

また、パワーメーターの心拍計への優位点としては、度々体調の影響を受けないことも挙げられています。

心拍数は体調によって上下するため、安定した指標にはなりえません。体調が悪いと低くなり、調子がよいと逆に、高く出てしまいます。

しかし他にも、心拍数に影響を与える要素があります。それが筋肉の疲労です。

● 筋疲労により下がる心拍数

あまり知られていませんが、筋肉が疲労すると、心拍数が上がりにくくなります。1日100km～200km程度のトレーニングを続けて行うと、3日目くらいには、心拍数が上がりにくくなっていることに気づくと思います。

追い込んだトレーニングをしている時期に、強度を上げているはずなのに心拍数が妙に低いという経験をされたがいると思いますが、それは筋疲労が原因だと思います。

ところが、心拍数は低くても、パワーは出ていることもあります。パワーメーターがあれば、心拍数と筋疲労の両方を確認しながら、パワーを正確な指標として活用できます。

● 厳しいトレーニングで意味を持つパワーメーター

追い込んだトレーニングをすれば必ず筋疲労を伴います。そういう、重要なトレーニングの時期に正確な指標になり難いのは、心拍計の大きな弱点ではないでしょうか。この点も、パワーメーターが必要になる理由の一つです。

心拍数と体調との関係

心拍数は体調の影響を受け、実際の強度よりも高めに出る場合も、逆に低めに出る場合もある

心拍数が高めに出る場合

休養明け、極端な好調など

心拍数が低めに出る場合

不調、体調不良、筋疲労がある場合など

本質 心拍数は筋疲労の影響を受ける

→ 心拍数には、疲労など体調の影響を受けやすいという欠点がある

→ 体調以外にも、乗り込みを続けて筋肉が疲労すると、心拍数は上がりにくくなる

キーワード 心拍数と体調

体調が悪いと心拍数は実際の強度に対して低めに出る傾向がある。一方で、休養明けなどは強度に対して高めになる。しかしパワーは影響は受けない。

CHAPTER 3 パワーとトレーニングの基礎概念

86

87

キーワード
項目に関係する重要な言葉を解説してあります

本質
項目のポイントを簡潔にまとめてあります

はじめに

サイクルロードレースの「ソフト」についてお伝えします

サイクルロードレースには、ハードとソフトという考え方があります。

ハードとは、主に機材です。ハードに投資する方はとても多いようです。「高剛性のフレーム」や「軽くてよく進むホイール」を、相当のお金をかけて買い求める方は後を絶ちませんし、雑誌やウェブには、そういう機材に関する情報があふれています。

しかし私は、まずは「ソフト」に力を入れるべきだと思っています。ソフトとは、体の使い方や、トレーニングに関する情報です。

私は、ハードに力を入れても、それほど速くなるとは考えていません。

それよりは、ソフトに十分に投資することが、人よりも先にゴールラインにたどり着くための手段だと考えます。そして日本には、ソフトに関する情報が少ないようです。

本書は、そのソフトについて書いた本です。

20年以上の私の選手生活は、よいソフトを追及する変化の連続でした。仮にハードが全く変わらなくても、ソフトを更新するだけで、あなたは遥かに速くなります。

本書の対象者は、速くなりたいと願うすべての人です。ぜひ本書を読み、ソフトを変化させていってください。

宮澤 崇史

CONTENTS

第3章 パワーとトレーニングの基礎概念

第4章 ポジションとパーツを体から考える

第5章 体を使いこなすメニュー

第6章 テクニック

column 1

自転車との出会い

たしか、中学校の２年生のころです。テレビを見たら、色とりどりのジャージを着た選手たちがヨーロッパの光景の中を駆け抜けていました。

これが、私とサイクルロードレースとの出会いです。

その光景を、美しいと思いました。それから、自転車に乗って生活をしている人たちがいることも強く印象に残りました。

その後すぐ、私は旅向きのスポーツバイクである「ランドナー」を親に買ってもらい、自転車に乗る生活がはじまりました。

といっても、競技ではありません。一人で遠出をしていたくらいです。競技は自転車ではなく、テニスに打ち込んでいました。

テニスを選んだのは、モテるんじゃないかと思ったからです。しかし、成績も女子からの視線も結局イマイチ。私は競技として自転車に乗ることを考え始めます。

中学生時代には、マウンテンバイクではじめての「自転車レース」を経験してもいます。成績は 20 位台後半でした。

やがて私は、競技として自転車に乗ることを考えはじめ、自転車部がある高校への進学を決めました。

1章「骨で押す」

contents

CHAPTER 1

1 パワーとは何か？

● 必要なときに、必要なだけ使う

パワーメーターの普及により、パワー計測をトレーニングに取り入れる選手が増えました。ホビーレーサーも例外ではありません。

パワーメーターによりパワーが目に見えるようになったせいか、パワーが大きい選手＝強い選手である、という風潮があります。そもそも、パワーとは何でしょうか？　もしパワーが強さの指標ならば、パワーを大きくすることがトレーニングの目的であり、強くなる秘訣ということになります。しかしその考えは正しいのでしょうか？

私はそうは思いません。

パワーとは、目的ではなく、一種の「資源」です。そして、レースは資源の量を競うものではなく、勝利を競うものです。どれほどパワーが大きくても人の後ろでゴールすれば敗北ですし、逆にパワーがなくても、一番最初にゴールに飛び込めば優勝です。

限りある資源を勝利に変えるために重要なキーワードは、効率です。無駄をなくし、資源であるパワーを効率よくスピードに変換しなければいけません。

パワーとは、電力のようなものです。もし無尽蔵に電力があるとしても、誰もいない部屋の灯りをつけておく必要はありません。必要なときに、必要な場所で灯りをつければいいのです。

また、普段から電力を節約しておけば、いざ灯りが必要となった時には強烈な明るさで周囲を照らせます。

重要なのはパワーよりも、パワーの使いかたなのです。

本質　パワー＝強さではない

→ レースはパワーの大きさではなく先にゴールについた順位を競うもの

→ パワーには限りがあるため、パワーを有効に使う必要がある

パワーは目的ではない

パワーはレースやトレーニングの目的ではない。パワーをどれだけ結果に繋げられるかは、効率が決める

パワー × **効率** ＝ **成績・スピード**

キーワード ▶ 効率

パワーが同じであっても、そのパワーを勝利やスピードに変換する効率は選手によって異なる。効率を上げれば、より小さなパワーでパフォーマンスを発揮できるし、自分よりもパワーが大きい選手に勝つことも可能だ。

CHAPTER 1

2 テクニックと「効率」

無駄を省くテクニック

「パワー」そのものよりも、パワーを結果に繋げる「効率」のほうが重要です。

しかし、効率とはなんでしょうか?

「効率がよい走り」とは、不要なパワーを使わない走りのことです。どんなにパワーが大きくても、そのパワーを浪費するような走りをしていては、結果にはつながりません。

つまり、強い選手とはパワーが大きいというよりは、パワーの使いかたが上手な選手のことを指すのです。

上りでパワーをセーブする

一例を挙げましょう。

あなたを含む集団が、勾配10%、距離1.5kmの上りに差し掛かったとします。あなたは、集団の先頭付近にいます。

あなたの周囲の選手はこの上りを、５００ｗの猛烈なパワーで進んでいます。その中にいるあなたも同じパワーを出さなければ、遅れてしまいますよね。

しかし実は、５００ｗものパワーは不要です。無駄なのです。たとえば、３００ｗでも大丈夫かもしれません。

なぜか?

周囲が５００ｗのパワーで上っている中、あなただけ３００ｗで走れば当然、マイナス２００ｗのぶんだけ遅れます。徐々に位置を下げるしかないでしょう。

しかし集団は縦に伸びています。位置を下げても、かなりの間は集団内にいられるでしょう。位置を下げてよいので、集団内には

本質　走行テクニックで無駄を省く

→ 無駄なパワーを使わないのが「効率のよい走り」

→ レース時の走行テクニックがあれば、同じ場所をより低いパワーで走ることが可能

残るようにしてください。

　上りの後には必ず、下りや平坦があります。伸びきった集団は、ここで再び縮まります。そして、集団内に残っていれば、他の選手を風よけにできますから、ほとんど脚を使わずに位置を上げられます。

　つまり、上りでのマイナス200wを節約できたことになります。日本のレースは周回レースがほとんどですから、この差には極めて大きいものがあります。

　もちろん、この方法を使えるかどうかはケース・バイ・ケースですが、テクニックによる「効率の良い走り」の一例として、イメージを頭に入れておいてください。

　このような、パワーをセーブするためのテクニックも、強い選手には必要なものです。

脚を使わずに上るイメージ

同じ上りでも、位置どりを工夫することでパワーを節約できることもある

キーワード ▶ **無駄**

必要がない場所で脚を使ってしまうホビーレーサーは多いが、これが無駄である。無駄を省くことができれば、仮にパワーが変わらなくても、レース運びは有利になる

CHAPTER 1

3 「骨で押す」

●効率のいい体の使いかた

先ほどお伝えした「効率のいい走り」とは、走行テクニックによって無駄を省く走りのことでした。

しかし、効率のいい走りにはもうひとつあります。**それが、効率のいいペダリングです。**ペダリングの効率がよければ、より少ないパワーで自転車を前に進めることができます。

私はこの方法をずっと「**骨で（ペダルを）踏む**」「骨で押す」と言ってきました。そして、これこそが、本書で皆さんにお伝えしたいことなのです。

小柄で、パワーに富むわけでもない私は、どのように世界で戦うかを考え続けてきました。その結果行きついたのが、骨で押すという方法でした。

筋肉ではなく、骨でペダルを押すのです。

力を入れなければ硬くならない筋肉ではなく、力を余さず伝えてくれる、硬い骨を利用する。筋肉を使うと疲れますが、骨で押せば力を使わずに済むためです。

もちろん、体を動かすためには筋肉の働きが必要ですから、筋肉をまったく使わないわけではありません。しかし、骨を使えば筋肉への負担を減らせます。

たとえば私の場合、骨で押すだけで、１７０ｗくらいのパワーを維持できます。したがって、３００ｗを出したいときは、残りの１３０ｗを上積みするだけで済みます。

しかし、筋肉の働きだけで３００ｗを出そうとすると、大変疲労します。同じ３００ｗでも、**骨で踏めば疲労を減らせるのです。**

本質 骨を使ってペダリングをする

→ 疲労につながる筋肉ではなく、硬い骨を利用することが効率よくパワーを使うことにつながる

→ パワーが同じでも、疲労を減らすことができる

世界で戦う

効率のいい走りを求めて工夫を重ねることで、海外の、パワーに富む大柄な選手たちとも対等に渡り合ってきた

キーワード　骨

力を余さずに伝えられるのが、骨だ。筋肉ではなく、骨を上手く利用することが、無駄な力を使わない、効率のいい走りにつながる。

CHAPTER 1

4 「骨で押す」イメージ① 棒を利用する

● なぜ骨か？

「骨で押す」といきなり言われても、ピンと来ない方も多いと思います。したがって、まずは、イメージをご説明します。

そもそもなぜ筋肉ではなく、骨で押すのか。

それは、筋肉と異なり、一本の、しっかりとした棒である骨で押せば疲労しないからです。

少し離れたところにある重いものを、何かを使って押すシチュエーションを想像してみてください。あなたの手元には、一本のまっすぐの棒と、ぐにゃぐにゃのやわらかい棒があります。

あなたは当然、まっすぐの棒で押すほうを選ぶはずです。なぜなら、まっすぐの棒は余さず力を伝えてくれるからです。折れ曲がっていては、力が逃げてしまいます。

もし、やわらかい棒で押そうとしたら、棒全体を固めなければいけません。それは、体に例えると筋肉の働きです。しかもこの場合は、押す力とは別に、筋力を使わなければいけません。

何か力を加えるとき、人はどうしても筋力を使いがちです。**しかし人体には、つま先から指先まで、骨というしっかりした棒があります**。ならば、この骨を利用して力を伝えればいいのです。余計な筋力を使う必要はありません。

骨とはつまり、一本の棒なのです。

まったく力を入れなくてもガチガチに固まっています。この骨を有効活用しない手はありません。

本質　骨は一本の棒だ

→ 骨≒一本の棒

→ 棒で押せば、余計な力は使わない

硬い棒で押すのが一番無駄がない

ものを押す場合、力を逃さない、硬い「棒」で押すと無駄が生じない

やわらかい棒では力が伝わらない

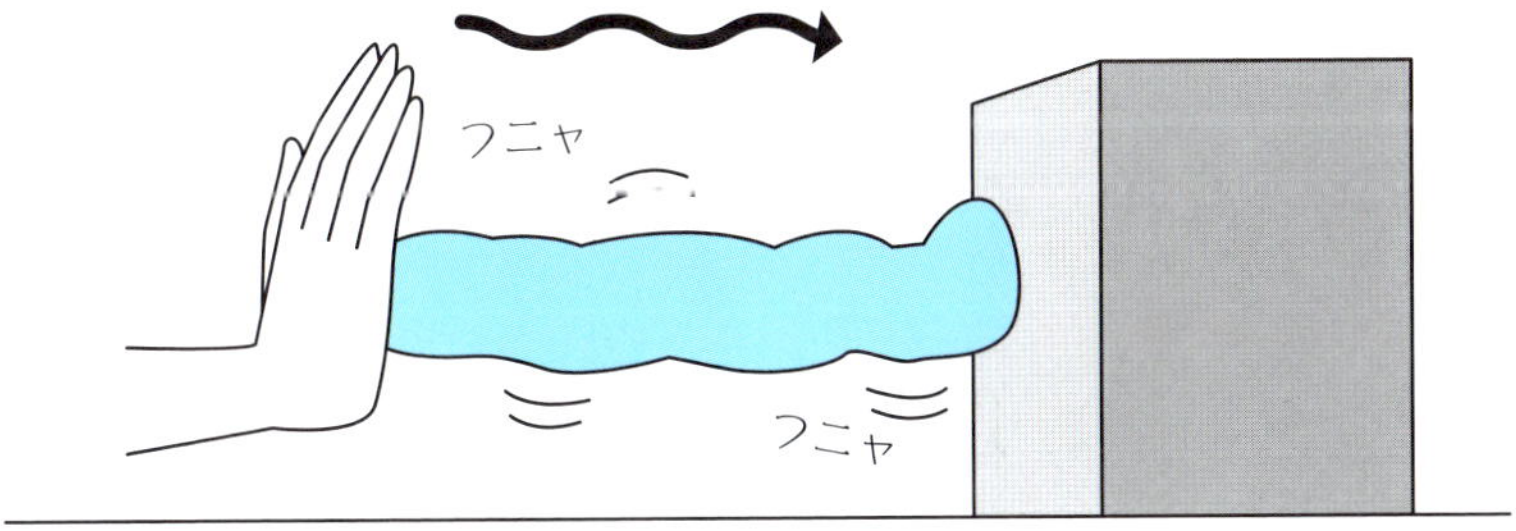

しっかりとした硬い棒なら力が伝わる

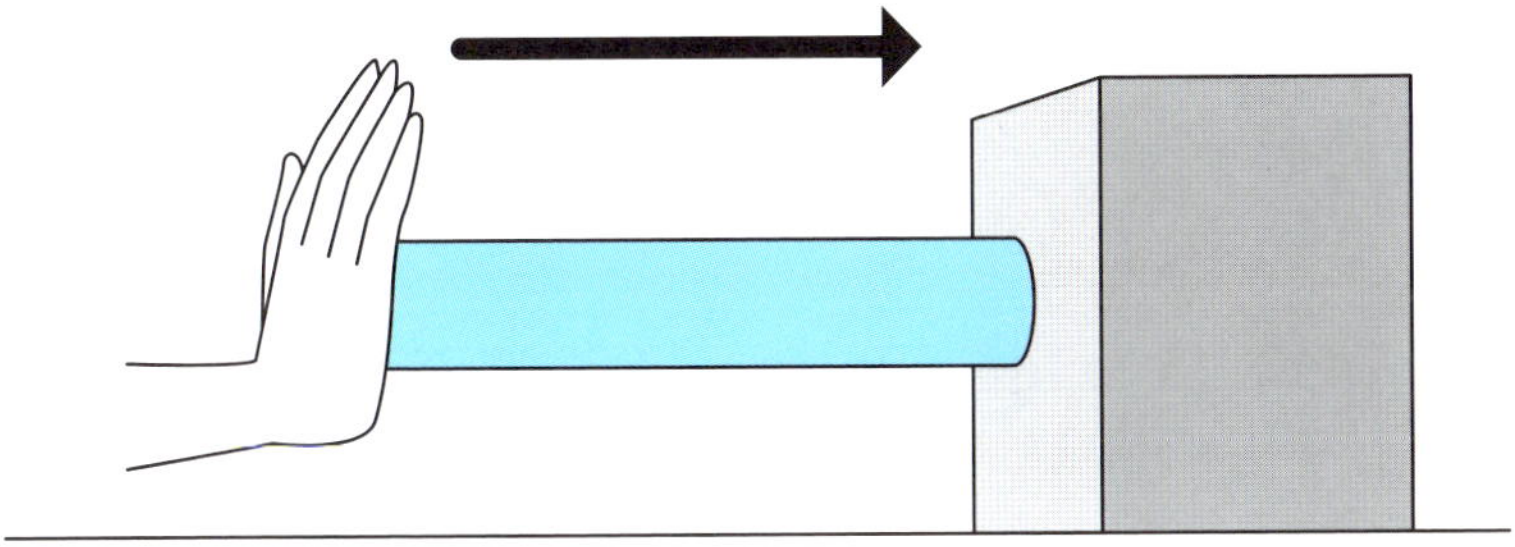

キーワード　棒

人体は、頭から指先まで骨によって構成されている。したがって理想的には、全身が一本の棒になれば、筋力を一切使わずに力を伝えることができる。

CHAPTER 1

5 「骨で押す」イメージ②
体を棒にする

イメージをつかむ

私も、ロードバイクに乗ってすぐは今でも「骨で押す」感覚を忘れていますから、思い出すために少し時間がかかります。ですから、次には骨で押すということのイメージをしっかり、体で理解しましょう。

写真のように壁に向かって立ってください。そして、目の前の壁を押してみましょう。楽に、しかし強い力で押すためにはどうすればよいでしょうか？

まっすぐ立ち、Aのように腕だけで押すのが一つの方法です。しかしこの方法では、体重を活かすことができません。腕の筋肉で押しているだけです。

多くの方は、無意識のうちにBのような姿勢をとるでしょう。全身の力を余さず使うことができるのは、こちらの姿勢だからです。何が違うのでしょうか？ **それは、全身が「棒」になっている点です。**

Aでは、腕の筋力で壁を押しているだけですから、肩〜足は何の役割も果たしていません。体重も使えていません。

しかしBでは、足から壁を押す手までががっちりとした「棒」となり、骨により、体重を余さず伝えています。

繰り返しますが「棒」になるということは、筋力ではなく、骨によって力を伝えるということです。こうすれば、体重をかけるだけでも相当の力で壁を押すことができます。筋肉は、体を支える手助けをする程度にしか、使いません。

本質 体を棒にするイメージで

→ 筋肉で押すのではない

→ 体幹や脚を一本の棒にして、骨で押す

筋肉で押す or 骨で押す

筋肉の力だけで押すよりも、骨を利用して押せば効率が良い

A

B

腕の力だけで壁を押している。体重はほとんど活かせていないため、かなり腕の筋力を使わなければいけない

全身が「棒」になっているため、体重を活かして壁を押すことができる。筋力は、姿勢を保つ手助けをする程度にしか使わない

キーワード 体を棒にする

腕や脚の骨は関節によってつながっている。全身を連動させて一本の棒にすれば、大きな力を伝えやすい。

CHAPTER 1

6 「骨で押す」イメージ③ 関節を介してつながる

しかし、「骨で押す」「体を棒にする」といっても、実際にそんなことができるはずないだろう、という方もいるでしょう。

なぜなら、人体には多くの関節があるからです。体全体が、あるいはペダリングをする脚が、一本の棒になるはずがありません。

でも、一直線である必要はないのです。力の流れが関節を介して繋がっていればよいのです。

自動車で、飛行機などをけん引する場合を思い浮かべてください。途中に関節ともいうべきジョイントがありますが、機体をバックさせる（≒押す）ことは可能です。バックしながら、曲がることさえできます。

つまり、途中の関節で曲がっていても、骨で押すことは可能なのです。

ペダリングの場合、力を生む体幹からペダルまでの間に、股関節・膝関節・足関節がありますが、骨はそれらの関節を介して繋がっていますから、骨で押すペダリングは可能です。

骨で押す場合の筋肉の働きは、限定的です。やはり、けん引車でバックする場合を思い浮かべてほしいのですが、狙い通りの場所へバックできるよう、角度や方向を調整する程度です。

骨で押すためには、その骨が関節部分で曲がらないように支える筋力だけあれば、強い力で押すことができます。

骨で押す場合の主な「動力」はあくまで体重であり、それを末端まで伝えるのは骨です。筋肉は、その手助けをするだけです。

● けん引のイメージ

本質　関節を介して力を伝える

→ 骨は関節を介して繋がっている

→ 関節を介しても、骨で押すことはできる

関節があっても骨で押せる

関節（ジョイント）を介して曲がっていても、押すことは可能だ

キーワード ▶ 関節

骨で押す力を、関節を介して伝えることは問題なくできる。筋肉の主な仕事は、関節の角度を適切に保つことだ。

CHAPTER 1

7 「骨で押す」イメージ④ スピードに「乗る」のを待つ

● 筋肉で踏まない

それでは「骨で押す」ペダリングのイメージを徐々に具体的にしていきましょう。

骨で押すためには、絶対に筋肉で押してはいけません。しかし初心者の多くは必ず筋肉で押そうとします。それは、バイクのスピードを「出そう」としているからです。

多くの初心者は、走り出したとたんにケイデンスを上げ、一生懸命スピードを出そうとします。しかしこの走り方では、ほとんどの人が筋肉で押してしまいます。この走り方なら今の私でもそうしてしまうでしょう。

そもそも、スピードとは「乗せる」ものではなく、自然と「乗ってくる」ものです。高いスピードに乗せようとせず、「乗ってくる」のを待ちましょう。そして、自然とスピードに乗っている状態こそ、骨で押せている状態です。

そのためには、急にケイデンスを上げずに、78回転程の低いケイデンスで、じっくりと骨に体重を伝えて走りはじめましょう。速度は低くて構いません。**現役時代の私も、トレーニングは時速15㎞／h前後で走りはじめていました。**そして、スピードに乗ってくる、つまり骨で押せるようになるのを待つのです。

繰り返しますが、**スピードは乗せるものではなく、自然と乗るものです。**

長距離をゆっくりと走るLSDトレーニングをする場合も、きちんと骨で押すフォームを確立することが目的です。単に長距離をのんびり走ればよいというものではありません。

本質 スピードに乗せない

→ スピードに乗せようとすると筋肉に依存する

→ 低ケイデンスで走り出し、スピードに乗ってくるのを待つ

ロングライド

スピードとは、力づくで「出す」ものではない。低速からゆっくり走りはじめ、「骨で押す」感じをつかむまで長距離をじっくりと走ることで、徐々にスピードに「乗って」くる

キーワード スピードに乗る

フォームに集中してじっくりと走っているうちに、スピードに乗ってくる。それが「骨で押せている」状態だ。

CHAPTER 1

8 まずは自分の体を知ることから

● 自分の体を理解する

「骨で押す」イメージは理解していただけたでしょうか。それでは次に、骨と関節を補助し、力を生み出す、筋肉の話に移ろうと思います。

まずお伝えしたいのは、自分の体を知り、メンテナンスをすることを怠っている人があまりにも多い、ということです。トレーニングというとすぐに、どんなメニューが効果的とか、ＦＴＰ（Functional Threshold Power）がどう、といった話になりがちです。

しかし、そんなことは本質ではありません。それよりもまず大切なのは、あなたの体がどのようにできているのかを知り、弱点を把握することです。

体のどの部分にどんな筋肉があるのかをご存知ですか？　また、それらはどのように働き、作用するのか、理解されていますか？

そしてあなたの体には、体が硬かったり、特定の筋肉が弱かったりという、あなただけの弱点があるはずです。それを理解し、克服するためのストレッチやマッサージを継続していますか？

以上のことをスキップして、いきなり自転車に乗っても速くはなれないと思います。自転車は身体運動なのですから、自転車を進ませることの本質は身体にあります。それを無視して、ポジションやフォームの話をしても、そもそも順番がおかしいのです。

まずはご自分の体について知ることです。ポジションもフォームもトレーニングも、その後の話です。

本質　体を知る

→ 体の構造や筋肉の役割を知る

→ ポジショニングやトレーニングはその後！

全身の筋肉

人体には無数の筋肉がある。筋肉を使いこなすためには、それぞれの位置と名称を把握する必要がある

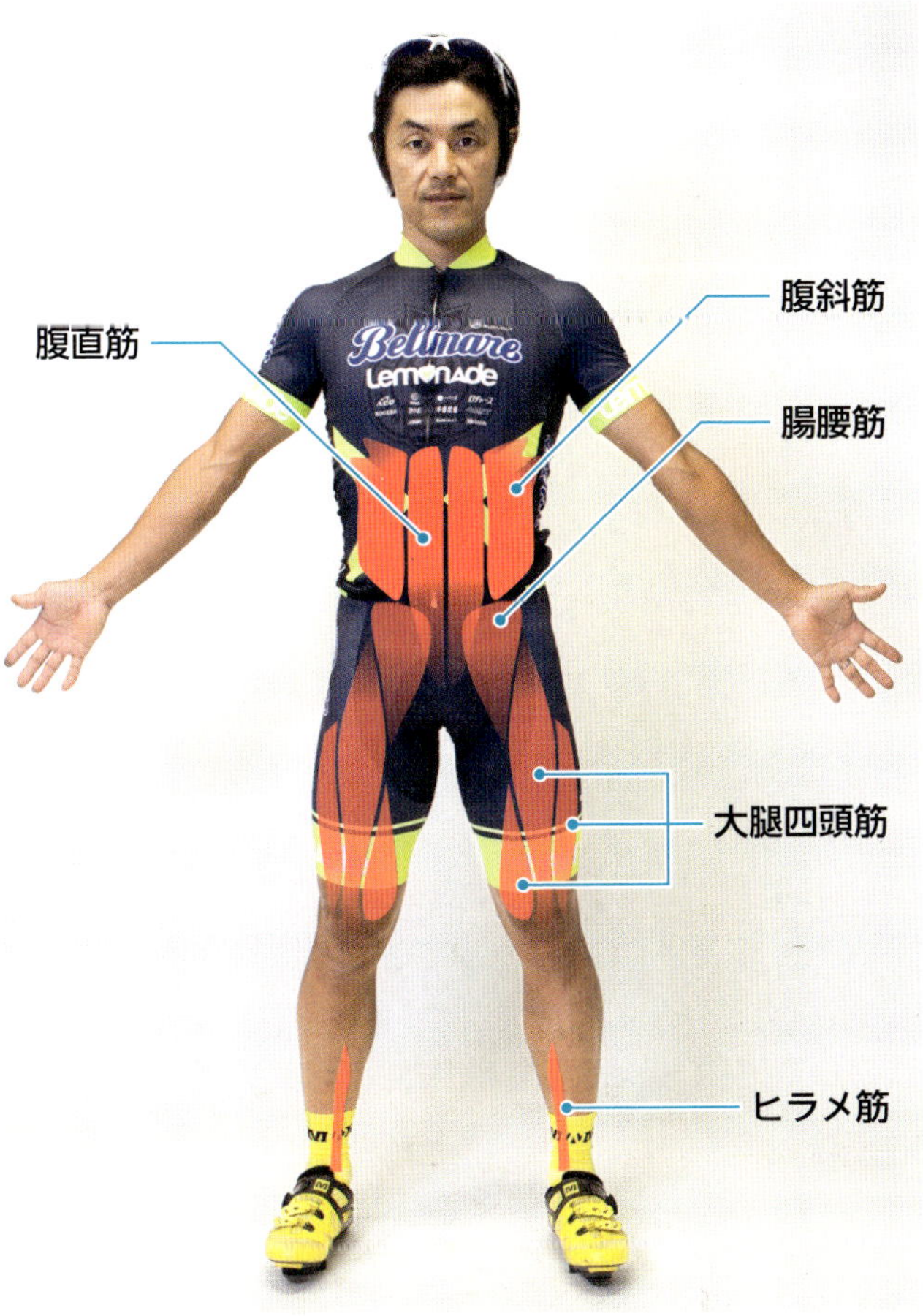

キーワード 体の構造

ペダリングひとつをとっても、多くの筋肉や骨、関節が複雑に絡みあう、極めて複雑な運動であるといえる。一つひとつ分析し、理解しなければならない。

全身の筋肉（横）

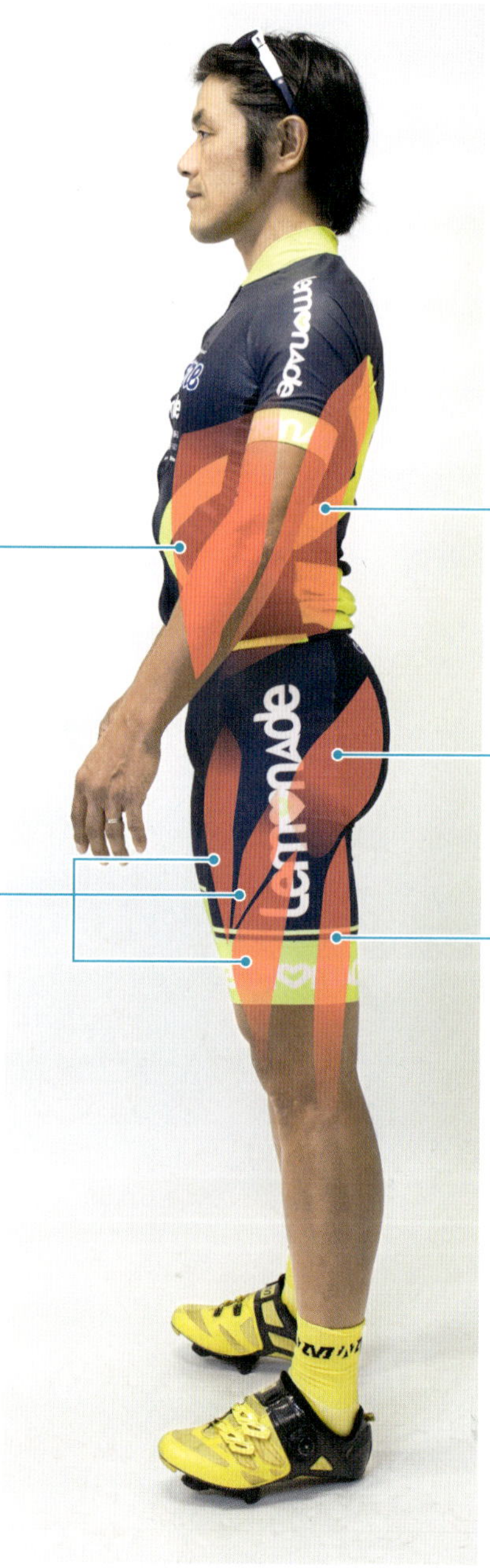

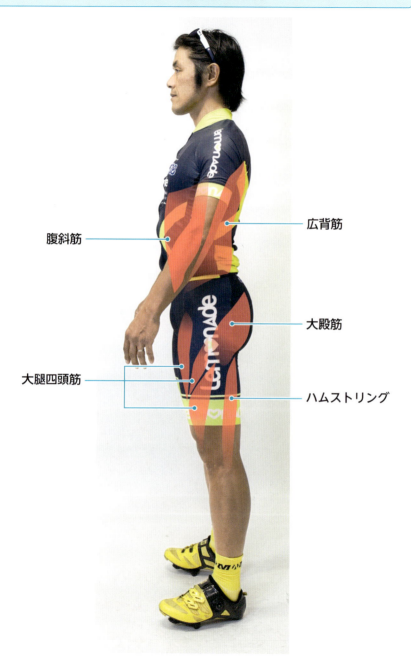

全身の筋肉（後ろ）

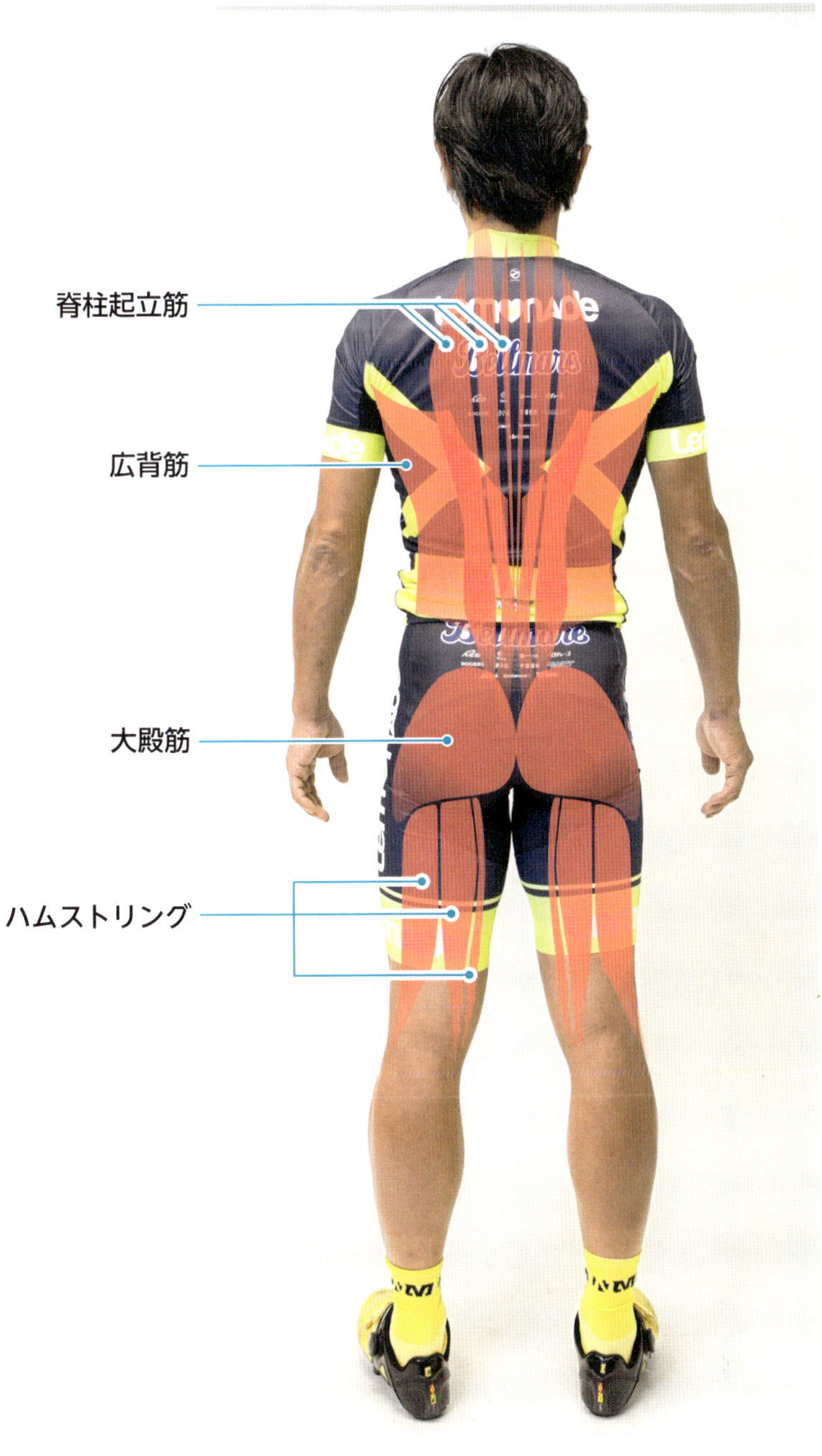

体幹（前）

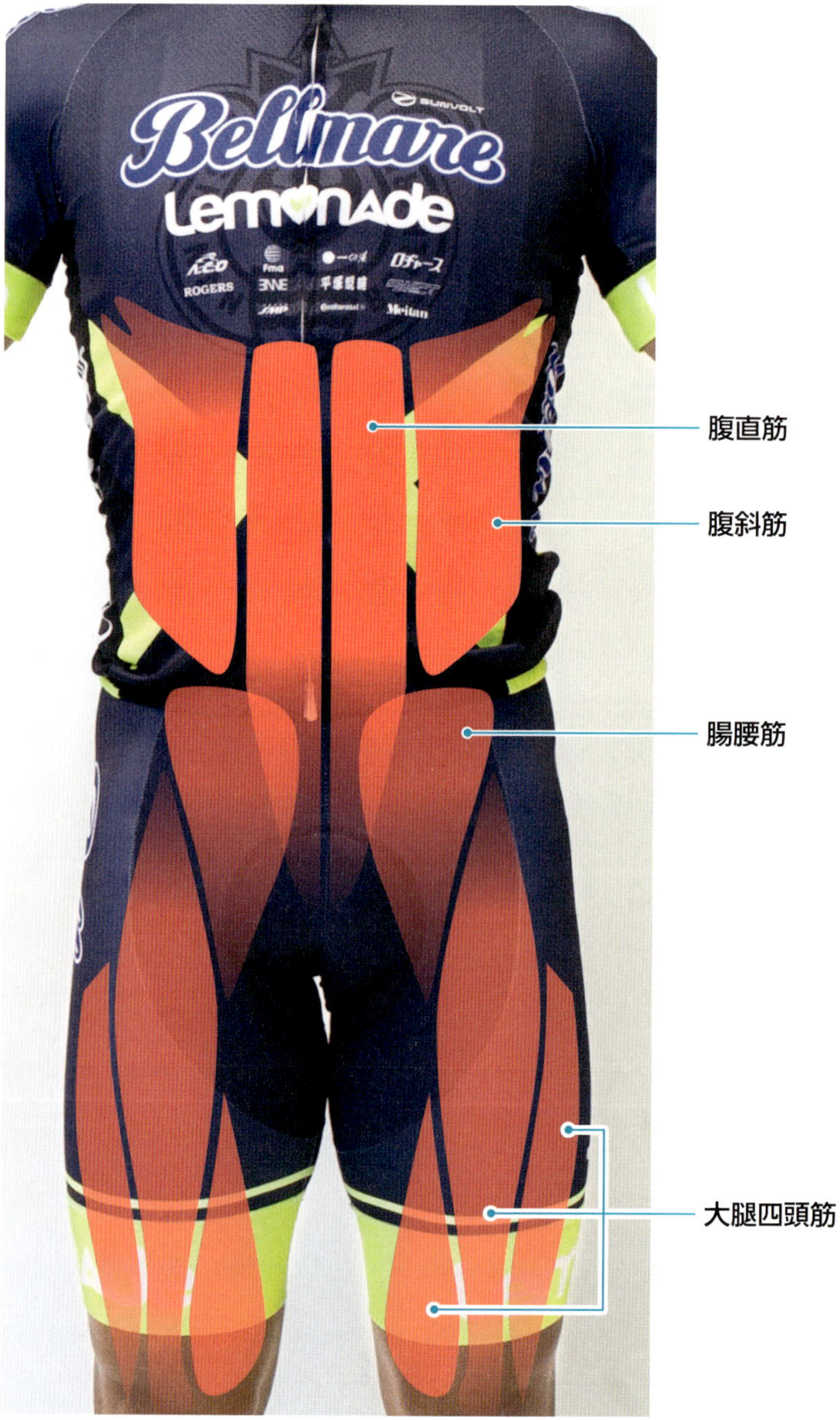
Bellmare
腹直筋
腹斜筋
腸腰筋
大腿四頭筋

体幹（横）

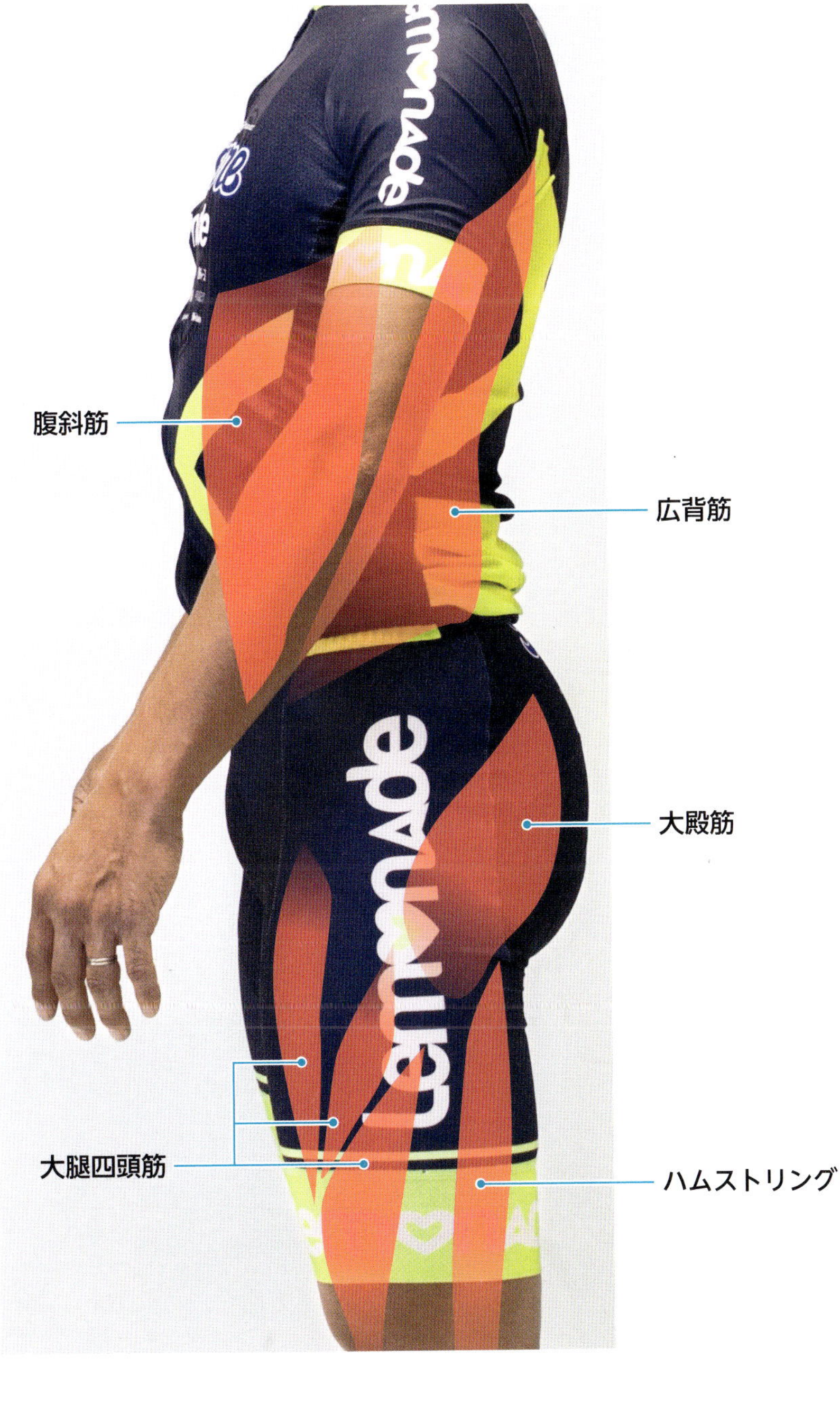
腹斜筋
広背筋
大殿筋
大腿四頭筋
ハムストリング

モモ（前）

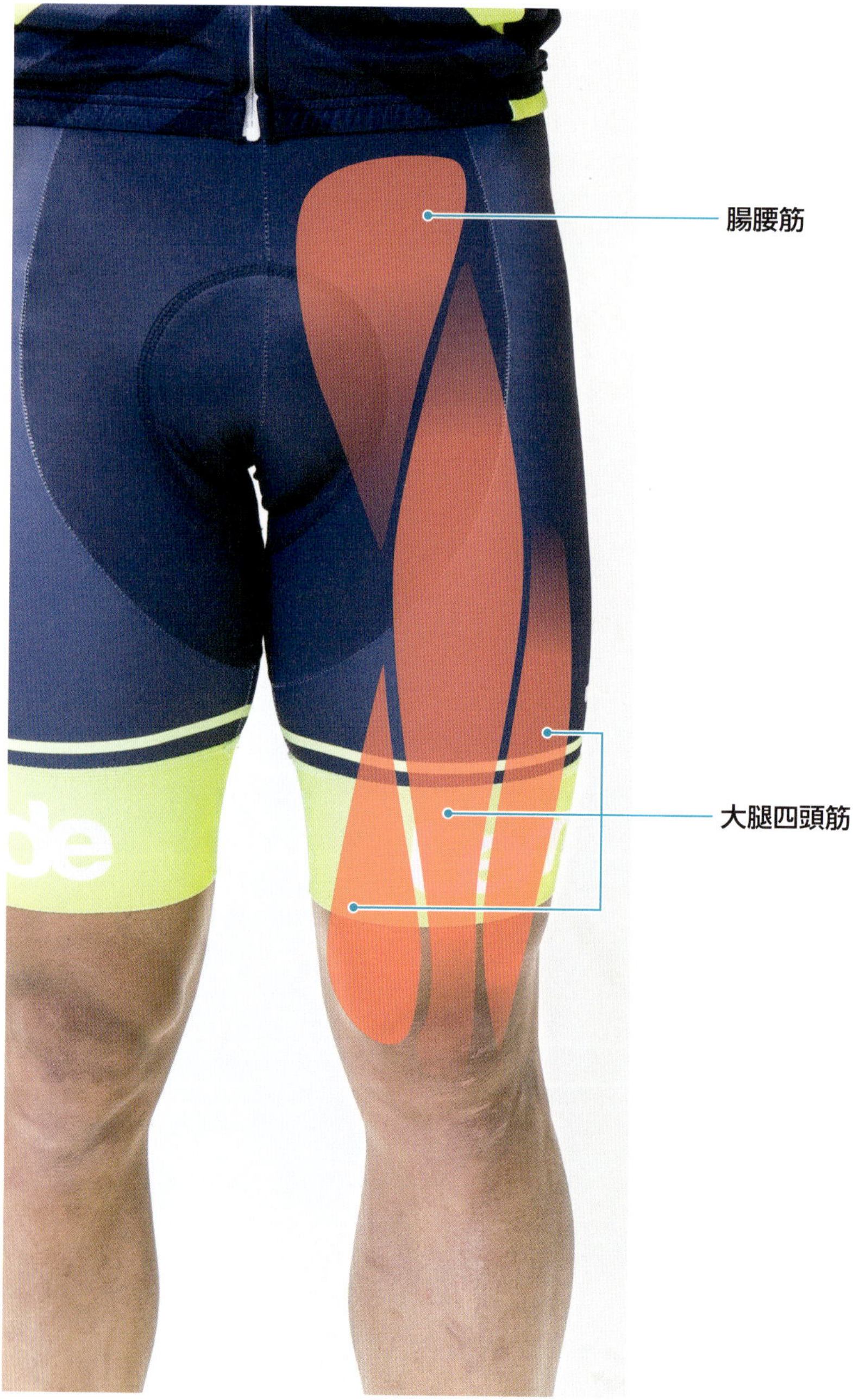

モモ（横）

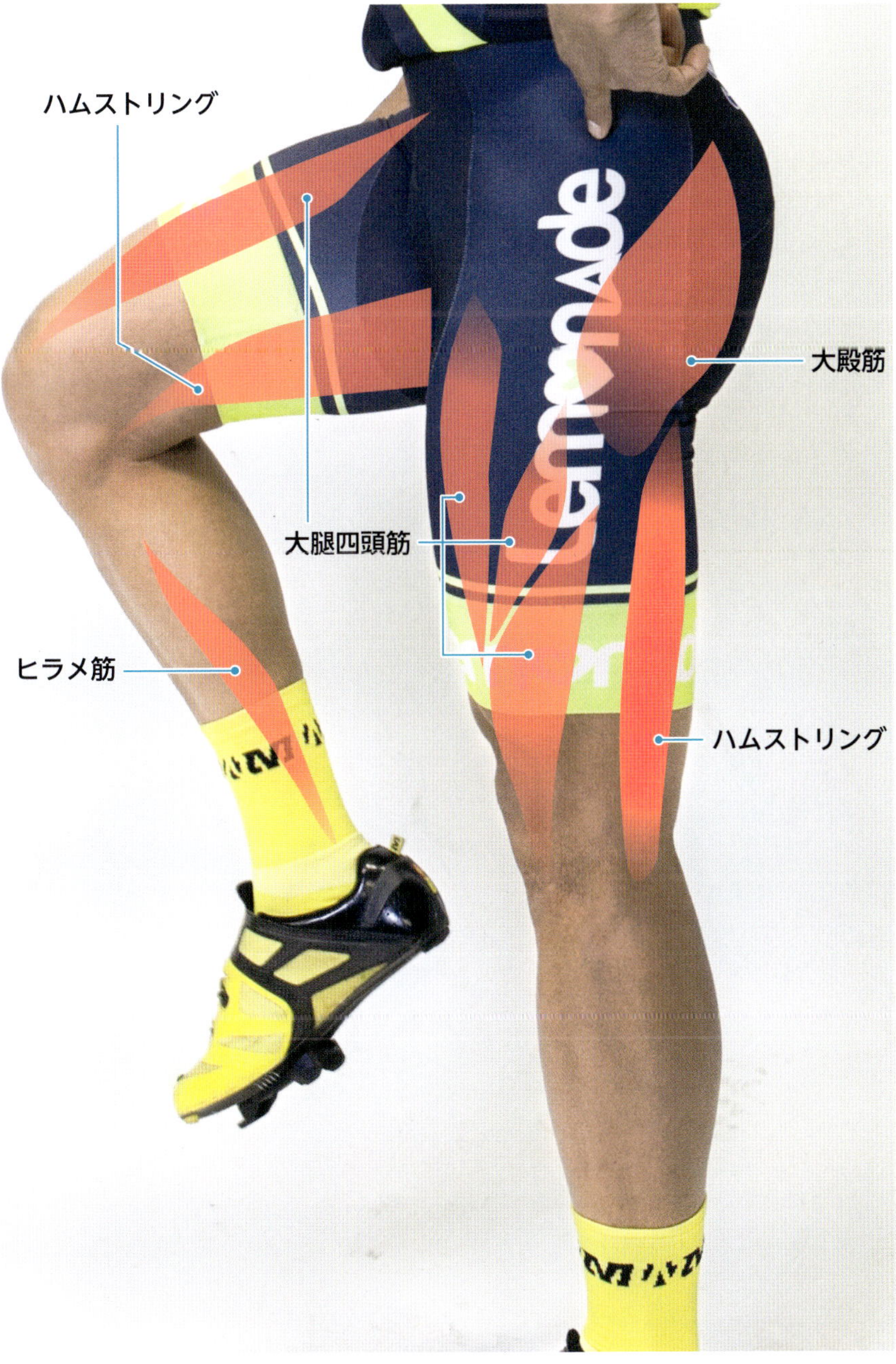
ハムストリング
大殿筋
大腿四頭筋
ヒラメ筋
ハムストリング

column 2

上りに力を入れていたころ

高校の自転車部に入った私には、それまで遠出の足として楽しんでいた自転車に対して「もっと速く」という考えが生まれていました。

ロードバイクでの初めてのレースは、乗鞍ヒルクライムの高校生の部です。

結果は優勝でした。当時の私は、どちらかというと上りが好きな選手だったのです。

それは、環境のせいだったと思います。当時の私は長野県に住んでいて、家の近くにも峠はたくさんありましたから、上りの練習をする場所には困りませんでした。放課後に峠を上ったことを思い出します。

一方、平坦で高強度のトレーニングができるバンクは、高校のそばにはありませんでした。だから、自分がバンクでの練習を行えている他校の選手に対して優位に立てる可能性があるのは、上りでした。

その意味でも、上りでの練習に力を入れる必要はありました。環境が、高校時代の私の脚質を作っていたことになります。

ただし、私の成績は良かったとは言えません。インターハイの結果も振るわず、狙っていた大学への推薦を手に入れることはできませんでした。

2章 ペダリングの理論

contents

CHAPTER 2

1 ペダリングは背中からはじまる

ペダリングと筋肉

筋肉の働きは複雑です。まず、自転車を進める上で最も基本的な動作である、ペダリングについて考えてみましょう。

ペダリングという運動が、体のどこからはじまるかご存知ですか?

「太腿」、という答えが多いと思います。しかしそれは間違いです。

ペダリングは、背中(みぞおちの裏付近)からはじまります。ハンドルを支える肩甲骨回りから、脊柱起立筋、広背筋、腹側の腸腰筋、お尻の殿筋、腿のハムストリング、大腿四頭筋……と、これら以外にも多くの筋肉が動員され、ペダリングという動作になるのです。

筋力の役割はそれぞれ違います。脚を引き上げるのは主に腸腰筋ですし、踏む動作は大臀筋や腿の前後の筋肉でしょう。ペダリングの最中に上半身を支えるのは、背中の背骨から腰にかけて脊柱起立筋です。

みなさんも実は、ペダリングの際には今述べたような多くの筋肉を使っています。普段は意識はしていないと思いますが、脊柱起立筋が使えていなければ、そもそも体が支えられませんから、使っていないということはありえないのです。

しかし、筋肉の使い方のバランスが悪く、特定の筋肉に依存してしまっていたり、それぞれの筋肉の連携がスムーズではない方がほとんどのようです。また筋肉が硬く、十分に力を発揮できていない方も多いでしょう。それでは、無駄な疲労が生じます。

効率的に筋肉を活かすには、筋肉に対して意識的にならなければいけません。

本質 身体動作は複雑である

→ ペダリングは、多くの筋肉の複合的な動作によって成り立つ

→ 個別の筋肉を意識することによって、多くの筋肉を連動させ、効率的な使い方ができる

ペダリングは全身運動である

下肢だけではなく、体幹や背中までを使うのがペダリングだ

キーワード ▶ 筋肉を意識する

特定の動作のためには、多くの筋肉が作用している。それはプロでもホビーレーサーでも変わらないが、筋肉の働きを意識的に捉えることは難しい。

CHAPTER 2

2 ペダリングの負担を分担させる

負担を分担する

ペダリングには、脚以外にも多くの筋肉が関わっていることを確認しました。しかし、筋肉の使い方がアンバランスな人が多いのも事実です。

アンバランスというのは、筋肉への負担が偏るという意味です。

極端なたとえになりますが、**一か所の筋肉だけで３００ｗのパワーを出すのと、５つの筋肉で60ｗずつパワーを出す場合とでは、パワーは同じ３００ｗでも、後者のほうが、はるかに疲労が小さいはずです。**

各部の筋肉で負担を分担するということが、バランスよく筋肉を使うということです。多くの筋肉で少しずつパワーを出し合えば、一つひとつの筋肉の負担は少ないため長持ちするのです。

もちろん、「バランスよく」といっても、各部の筋肉が完全に均等にパワーを出し合うことはありえません。たとえば、腿の大腿四頭筋と体幹の腸腰筋とでは、大腿四頭筋のほうがはるかに大きいパワーを出せるでしょう。

しかしそれでも、あまり仕事をしていない筋肉を探し出し、きちんと負担を分担させることができれば、ペダリングはずっと楽になるはずです。**できるだけ、たくさんの筋肉を使ってペダリングをしましょう。**

筋肉には、使いやすい筋肉とそうでないものがあります。**日本トップクラスの選手でも、使いやすい筋肉に依存することがあります。**

使いやすい筋肉は、一見パワーが出しやすいのですが、長持ちしないため実戦的ではありません。

本質 多くの筋肉を使う

→ 一か所の筋肉に依存すると、脚の外側がいつも固いなど、疲れやすい

→ 多くの筋肉を使ってペダリングをすることで、負担を分担できる

より多くの筋肉を使う

同じペダリングという動作でも、より多くの筋肉を動員できれば、個々の筋肉への負担は減る

キーワード バランス

特定の筋肉に頼ってペダリングをしている状態は、アンバランスな状態であり、疲労しやすい。多くの筋肉をバランスよく動員してペダリングをしたい。

CHAPTER 2

3 サドルを下げて引いてみる

大腿四頭筋への依存

ホビーレーサーで多いパターンが、太腿の大腿四頭筋ばかりに頼ってペダリングをしてしまうことです。大腿四頭筋は使いやすく、パワーも出しやすいためです。

そういう方は、サドルが高く、かつ前に出ている場合が多いようです。このようなポジションにすると、ピストン運動でいう上死点を楽に通過できるようになります。大腿直筋で脚を上げやすく、また、大腿四頭筋でペダルを踏みやすいからです。しかし走りはじめは楽に感じますが、長続きしません。

さらには、体重がハンドルに乗ってしまうため、体重を使ったペダリング（→P52）ができません。

また、大腿四頭筋だけに頼ると、すぐに疲労してしまいます。

大腿四頭筋に頼ったペダリングをしている方は、いったんポジションを変えてみましょう。**サドルを思い切って2㎝ほど下げて、レールの後ろまで引いてみてください。**

そして、脚を上げることを意識してください。引いたポジションでは大腿四頭筋を使いにくいため、他の筋肉でペダリングせざるを得ません。自分がいかに大腿四頭筋に頼っていたか、気づくと思います。

このように、自分が特定の筋肉に依存していないか、使われずに眠っている筋肉がないかどうかをチェックすることは大事です。

自分がどの筋肉でペダリングをしているかを知ることは簡単ではありませんが、ポジションを大きく変えてみるのは、一つの手段です。

本質　依存しやすい大腿四頭筋

→ 太ももの前側にある大腿四頭筋は簡単に大きい力を出しやすいため、依存しやすい

→ サドルを下げ、後ろに引くと、他の筋肉が使えるようになる

大腿四頭筋に頼らない

腿の前部にある大腿四頭筋は力を出しやすいが、その分依存しがちな筋肉でもある

キーワード 大腿四頭筋

腿の表側の筋肉。大腿直筋、外側広筋、内側広筋、中間広筋の四つの筋肉から成る。人体で最も大きい筋肉であり、パワーを出しやすいため、ペダリングでは頼りがち。

CHAPTER 2

4 筋肉をケアする

筋肉をやわらかく保つ

　現役時代の私は、毎日2時間をマッサージに費やしていました。セルフマッサージです。**マッサージはとても大事です。**体が硬かった私が選手として結果を残せたのは、マッサージのおかげだと思っています。

　2010年の世界選手権の前には、4日間かけてマッサージをしました。それでも、充分ではなかったと反省しています。

　筋肉を効率よく使うためには、常に柔らかく保ち、動きやすい状態にしておく必要があります。そのためにはマッサージが欠かせません。

　一流の選手は、柔軟な筋肉を持っています。新城幸也選手も別府史之選手も、質の高い筋肉を持っています。

　しかし私の筋肉には、マッサージが必要でした。ティンコフ・サクソの中野喜文マッサージャーにもそう指摘されたことがあります。毎日マッサージをしたのは、筋肉が硬いというハンディを克服するための、私なりの工夫です。

体を作り上げる

　マッサージもそうですが、**体とは、トレーニングで意識的に筋肉を作り上げ、メンテナンスによって力を発揮するものです。**

　そういう意識は、日本人選手に足りていない印象を受けます。プロ選手であってもそうです。

本質　筋肉にはケアが必要

→ 効率よく使うためには、常に柔らかく保つ必要がある

→ 筋肉が硬い選手ほど、マッサージの必要性は大きい

マッサージで筋肉を柔らかくする

力を発揮できる質の高い筋肉は柔軟性に富む。マッサージで筋肉をメンテナンスし、柔軟性を維持することは大切だ。以下は「鳩のストレッチ」(→P189)

キーワード マッサージ

プロチームにはマッサージャーが帯同し、選手のケアを行っている。マッサージャーに依頼しなくても、自分でマッサージを行うこともできる。

CHAPTER 2

5 脚を上げることを意識する

ペダリングの要点とは？

ペダリングをする上でもっとも大切なことの一つは、脚を上げることです。そして、意識をすれば、脚は上がるようになります。

皆、ペダルは踏むものだと思っていますが、それは勘違いです。なぜなら、重力があるからです。

自転車を前に進める上で、唯一重力に逆らう行為が、脚上げです。ペダルを踏む行為は重力に従っていますから、脱力していても、ペダルは踏めるのです。

椅子に座り、ご自分の脚を持ち上げてみてください。脚の重さがわかると思います。体重が60kgの男性ならば、片脚だけで10kg以上の重量があります。

脚の重量をペダルに掛ければ、力を全く使わなくても、かなりのスピードが出ます。

ということは、脚の重さに少しパワーを加えるだけでも、相当のスピードを出せることになります。

しかし、片脚がペダルを踏んでいるとき、反対側のペダルに重さが掛かっていると、マイナスのパワーとなります。100の力でペダルを踏めていても、反対側に脚の重さ(仮に20としましょう)がかかっていると、100−20で踏む力は80にしかなりません。一分間に90回前後も脚を上げることを考えると、この20の意味は極めて大きいものがあります。

だから、まずは踏み足よりも、脚を上げることを意識してください。いわゆる「引き足」とは、ペダルを引くことではなく、脚を上げることなのです。この意味での引き足は、基本的なペダリングスキルです。

本質　踏み足よりも引き足

→ 重力に逆らう引き足を意識する

→ 脚の重量だけでもある程度のパワーは出せる

脚を上げてロスを減らす

一方の脚がペダルを踏んでいるとき、反対側の脚を上げなければ、ペダルに脚の重さが掛かってしまう

キーワード 脚の重さ

人間の体重のうち、およそ３分の１は脚の重量が占めている。この重量をペダリングに活かせれば、消耗を抑えることができる。

CHAPTER 2

6 ハンドルに寄りかからない

● サドル・ハンドル・ペダル

脚の重量だけでなく、体重をペダルにかけることができれば、さらにペダリングは楽になります。

左の写真を見てください。体重は、サドルとハンドルとペダルの3点にかかっています。ということは、**サドルとハンドルにかかる重さを減らせば、ペダルにかかる体重が増えるということです。**

P50で述べた脚上げからペダルを踏む、という動作がスムーズにできれば、常に左右どちらかの脚がペダルを踏んでいますから、サドルにかかる体重は減ります。はじめは痛かったお尻も、乗り慣れていくうちに痛みが和らいだ経験はありませんか？　それは、スムーズにペダリングができるようになり、サドルにかかる体重が減ったからです。

● ハンドルにかかる体重を減らす

では、ハンドルにかかる体重を減らすにはどうすればいいか？

答えは、体幹を鍛えることです。

ホビーレーサーは、ハンドルに寄りかかりがちです。それは、体重がハンドルにかかってしまっているということです。

ハンドルに寄りかかってしまうのは、体幹が弱く、体幹で体を支えられないからです。**体幹を鍛える目的の一つは、ハンドルに頼らずに体を支え、体重を効率よくペダルにかけるためです。**

体幹が強ければ、ハンドルにかかる体重をペダルに回せます。

本質　ハンドルに乗らない

- → 体重は、サドル・ハンドル・ペダルの３点で自転車にかかる
- → サドル・ハンドルにかかる体重を減らせば、ペダルに体重がかけられる

体重はサドル、ハンドル、ペダルにかかる

乗り手の体重は、サドル、ハンドル、ペダルの３点のみで自転車にかかっている

キーワード ▶ 体幹

体幹とは通常、胴体部分を指す。腹側の腹直筋、腹横筋、腹斜筋や、背中側の広背筋、脊柱起立筋などを総称して体幹と呼んでいる。

CHAPTER 2

7 サドルを上げすぎない

● サドル高でごまかさない

脚上げがスムーズに行えるようになり、脚の重量が自然にペダルにかかるようになれば、時速28㎞程度ならば誰でも出せるでしょう。

しかし、脚を上げるのは、簡単ではありません。ホビーレーサーの間で、高すぎるサドルポジションが主流になっていることからもわかります。

ホビーレーサーがサドルを高くするのは、脚を上げられないからです。サドルを高くすれば、当然、脚を上げやすくなります。また、P46で指摘したように、踏みやすくもなります。「いいな」と錯覚しやすいポジションといえますが、長続きはしません。

念のため補足すると、私は高いサドルポジションを否定するものではありません。近年の新城幸也選手のように、選手によっては有効である場合もあるでしょう。しかし、脚が上げられないからといってサドルを上げるのは、ごまかしに過ぎないと考えています。

そのためにも、ペダリングという動作において、最も重要な脚上げ動作を習得しなければいけません。基本を飛ばして安易なポジションにとびついてはいけません。

ペダリングで脚をきちんと上げられるようになってからサドルを高くするならば、理解できます。しかし、ペダリングに必要不可欠な脚上げから逃げてしまっては、速くなれないでしょう。

P56とP57では、ここまでお伝えした「骨で押す」ことと ペダルに体重をかけるイメージを体でつかむためのメニューを2つ、ご紹介します。

本質 サドルでごまかさない

→ ホビーレーサーは、サドルを上げすぎる傾向がある

→ サドルを上げると脚を上げやすくなるが、脚を上げる力は身につかない

サドルが高いと脚を上げやすいが……

サドルが高くなると脚が上げやすく、踏み脚でパワーを出しやすくもなるが、ペダルに力を加えられる時間が短くなり、長持ちもしない

キーワード サドル高

適切なサドル高さには諸説あり、股下× 0.86 ～ 0.88 程度が適正とされる場合が多いが、シューズのクリート位置やサドルに座る位置などで大きく変わる。

CHAPTER 2

8

踏み足に体重をかけるイメージ

「骨」で体重を支える

「骨で踏む」、つまりしっかりとペダルに体重をかけるイメージをつかむ

低めの台に脚を掛ける

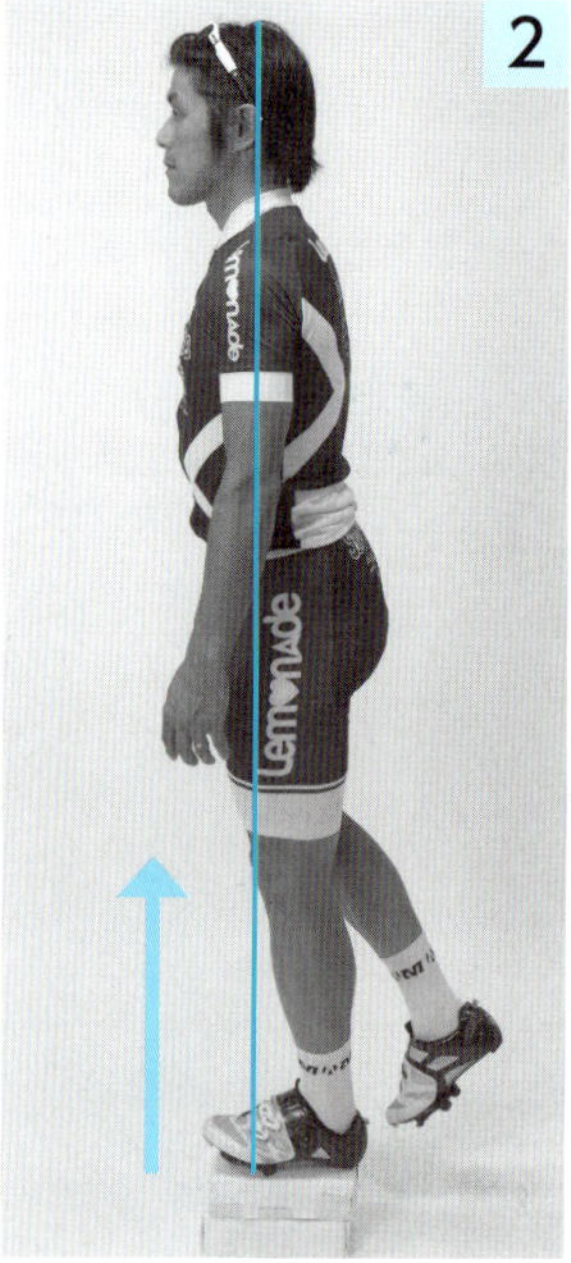

筋力を極力使わず、「骨」を介して体を持ち上げていく

バランスを崩すと、骨ではなく筋力によって体を支えなければならない

CHAPTER 2

9 おっとっとペダリング

体重を踏み出した足にかける

体重移動により、踏み足（写真では左足）に体重をかけるイメージをつかむ

1

自転車の上のように、やや前傾して立つ

2

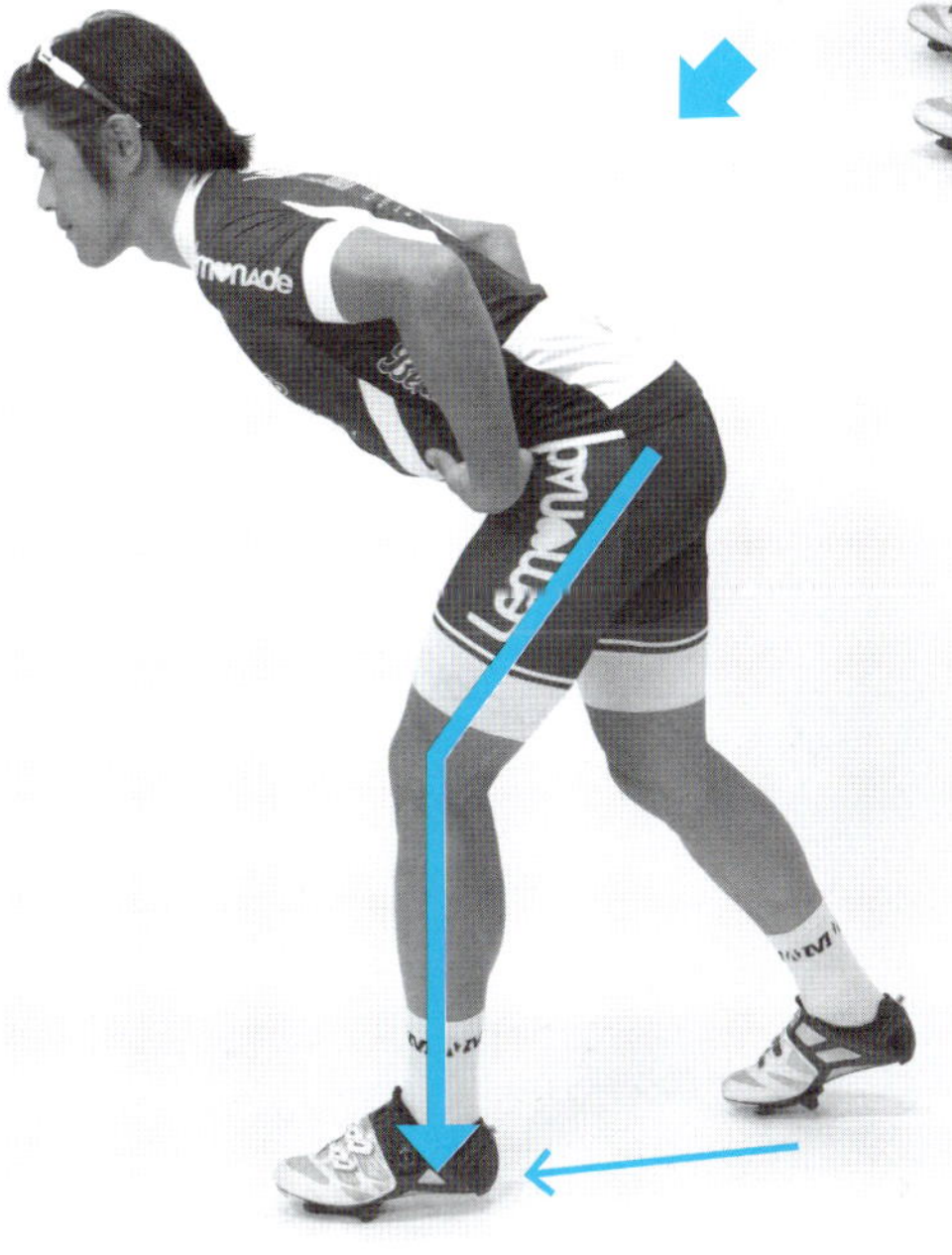

上体の体重を前方に移動すると同時に脚を踏み出し、踏み出した側の足に体重をかける

CHAPTER 2

10 腿を上げてみる

腿を上げてみる

それでは、腿上げの動作を実際に行ってみましょう。

平らな場所でまっすぐ立ち、ゆっくりと片足を上げてみてください。**その際には、上体が後傾しないように注意してください。**

自転車の上では意識しなかったと思いますが、かなり苦しいでしょう。レースではこの動作をペダリングに伴い数万回も繰り返さなければいけないのですが、そこまで継続できるでしょうか？

おそらく無理だと思います。ということは、P50でお伝えしたマイナスの力がペダルにかかってしまい、無駄が生じているということです。

また、ほとんどの方は90度くらいまでしか腿が上がらないでしょう。腸腰筋の力が弱いからです。

疲れやすい大腿直筋

すぐに疲れてしまうのは、大腿直筋で脚を上げているからです。大腿直筋とは、大腿四頭筋のひとつで、もっとも前方にあり、収縮することで腿が上がります。

ペダリングでペダルを踏む際、ホビーレーサーほど大腿四頭筋に頼りがちだとお伝えしましたが、それは脚を引き上げる場合にも当てはまるのです。

大腿四頭筋は大きなパワーを生むことができますが、脚を上げるときに必要になるような、小さいパワーを長時間継続して出すことには向いていません。

本質 腿上げの負担は意外と大きい

→ 自転車から離れて腿上げをしてみる

→ すぐに苦しくなるのは、大腿直筋によって腿を上げているから

腿を上げる

まっすぐ立ち、腿を上げていく。かなり負担があることがわかる

腿を上げる
※注意事項
慣れないうちは、固定された
ものにつかまって行う。

キーワード 大腿直筋

大腿四頭筋を構成する４つの筋肉のうちのひとつ。大腿四頭筋が収縮することで、股関節が屈曲する。

CHAPTER 2

11 腸腰筋で腿を上げる

もう一つの筋肉

P58では、大腿直筋で腿《もも》を上げるから、疲れてしまい、ペダルにマイナスのパワーをかけてしまうことがわかりました。

しかし実は、人体には股関節を屈曲させられる（≒腿を上げられる）筋肉がもう一つあります。それが、腸腰筋です。

腸腰筋とは、腰の骨と大腿骨を結ぶ、体幹の深いところにある筋肉です。腸腰筋が収縮すると、腿を上げることができます。

疲れにくい腸腰筋

腸腰筋は大腿直筋とは異なり見えにくいため、意識しなければ使えません。だから、腿を上げるときには大腿直筋に頼ってしまうのです。

腸腰筋は、それほど大きな筋肉ではありません。だから、大腿四頭筋のように大きなパワーを出すことはできません。しかし腸腰筋は、小さいパワーを継続して出すことは得意なのです。**つまり、ペダリングの際に脚を上げるために最適な筋肉が、腸腰筋なのです。**

したがって、腸腰筋を使えるかどうかが、効率の良いペダリングができるかどうかの肝になります。お伝えしたように、**腸腰筋で腿を上げることさえできれば、あとは脚の自重で自動的にペダルを踏み込みますから、ほとんど力を使わずに時速30㎞以上で走れるでしょう。**

もし私の腸腰筋が小さくなったら、あっという間に走れなくなるでしょう。それほど重要な筋肉なのです。

本質　腸腰筋を使う

→ 腿を挙げられる筋肉には、大腿直筋と腸腰筋の２つがある

→ 腸腰筋は大きくないが、小さいパワーを出し続けるのには向いている

腸腰筋を意識する

体幹の深い部分にある腸腰筋は、大腿直筋以外で唯一脚を上げられる重要な筋肉だ

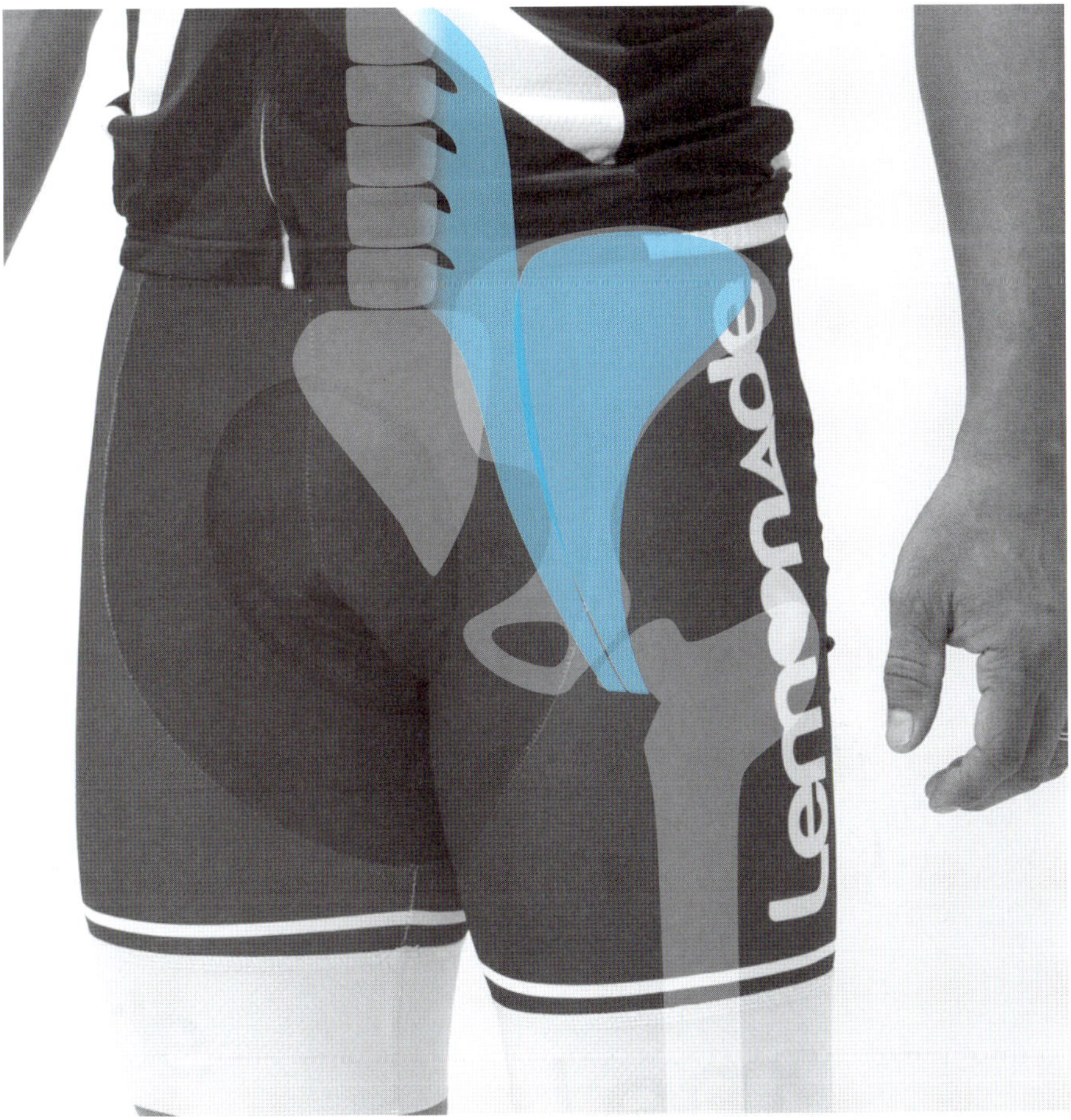

キーワード　腸腰筋

腰椎から、骨盤の内側を通り、大腿骨の付け根まで至る筋肉。アスリートにとっては極めて重要な筋肉であり、陸上短距離走者などでは腸腰筋が肥大化している。

CHAPTER 2

12 腸腰筋を鍛えるLSD

●腸腰筋を強化する

腸腰筋も筋肉ですから、トレーニングによって強化できます。

手軽なものとしては、P59で紹介した腿上げが相当するでしょう。慣れないうちは、片足あたり30回も行えば、かなり疲労します。自転車の上でのメニューとしては、LSDが挙げられます。

強度を上げるとパワーを出すために大腿四頭筋に依存する割合が大きくなります。**高強度のトレーニングをいきなり行うと、腸腰筋が使えなくなる危険性があります。**したがって、腸腰筋を鍛えるためには低強度でのLSDが効果的です。

大腿直筋ではなく、腸腰筋で脚を引き上げることを意識しながら、くるくるとペダルを回します。ケイデンスは100程度を目標にしてください。強度は低いですが、集中力が要求される、かなり厳しいトレーニングです。トレーニングを積まなければ、長時間続けるのは難しいでしょう。

●LSDの厳しさ

やや余談になりますが、LSDとは楽なトレーニングではまったくありません。強度が低いだけで、集中力やフォームへの高い意識が求められる、高度なトレーニングです。

何も考えずにぼんやりと走るだけでは、有酸素運動やダイエットでしかありません。体の中央、腸腰筋を意識しつつ行えば、トレーニング効果はさらに大きくなります。

本質 腸腰筋を意識する

→ 腸腰筋も、意識すれば強化できる

→ 大腿直筋を使わないよう注意しながら集中してLSDを行う

高ケイデンスのLSDが効果的

まずはゆっくりしたペースではじめ、高めのケイデンスで腸腰筋で脚を上げられるよう意識しながらLSDを行う

腸腰筋を意識して LSD を行う

キーワード LSD（Long Slow Distance）

有酸素運動の基礎能力を作るといわれる LSD だが、フォームを洗練させる目的もあるため、集中して行わなければならない。

CHAPTER 2

13 腿が上がればお尻が使える

殿筋の重要性

腿が上がることのメリットは、ペダリングでスムーズに脚が上げるだけではありません。**踏み脚についても、大きな意味があります。**

もう一度、立って片脚を上げてみましょう。限界まで脚が上がったら、上がっていないほうのお尻を触ってみてください（P65写真）。硬くなっているはずです。お尻の筋肉、殿筋に力が入っているということです。

ペダルを踏む際に殿筋を使えることは、極めて重要です。殿筋は大きな力を長時間発揮できます。しかしホビーレーサーは殿筋を使えず、大腿四頭筋やハムストリングばかりでペダルを踏みがちです。殿筋は、意識しづらいためです。

ですが、脚がしっかりと上がるようになれば、踏み脚のパワーを脚の重さで相殺しなくなるだけではなく、**自然と殿筋も使えるようになるのです。**つまり、踏み脚でも大きなパワーを長時間出せるようになります。脚を上げられるようになれば、ペダリングははるかに楽になるでしょう。

筋肉のチェック

プロ選手の体を間近で見たことがありますか？ プロとホビーレーサーとの大きな違いは、腸腰筋と殿筋の発達具合です。プロの腸腰筋と殿筋には、弾けるようなよい張りがあります。

私は現役時代、定期的に体の写真を撮っていました。筋肉の発達を客観的に確認するためです。

本質 殿筋でペダルを踏む

→ ペダルを踏むために重要なのがお尻の殿筋

→ 脚が上がるようになれば自然と殿筋も使えるようになる

殿筋に力が入る

脚を上げた状態で反対の殿筋に触れると、硬くなっていることがわかる

キーワード 殿筋

臀部の筋肉。表層の大臀筋と、深部の中殿筋、さらに深いところに位置する小殿筋とに分かれている。

CHAPTER 2

14 ペダルを踏み遅れない

● 1時からペダルを踏む

ほかにホビーレーサーのペダリングに目立つ特徴として、**ペダルを踏み始めるタイミングが遅いことが挙げられます。**

ホビーレーサーは、ペダルが時計の3時付近まで来てから踏みはじめる人が多いようです。しかし、それでは遅すぎます。**1時の位置に来たときには踏みはじめるべきです。**

また、踏みはじめが遅いので、踏み終わりが遅いこともホビーレーサーのペダリングの特徴ですが、極めて非効率的です。

時計の1時から5時まで踏めば、4時間分の間、ペダルに力を賭けられます。左右で計8時間分です。

しかし、3時から7時でペダルに力を加えたとしても、**5時以降の力は推進力にはなりません**から、自転車を前に進ませているのはせいぜい2時間分程度です。

それでは左右で4時間にしかなりません。1時から5時までペダリングした場合の半分です。**同じ8時間分の力を加えても、半分しか推進力に変わっていないのです。**力の半分が無駄になっているということです。

原因は、11時時点で踵が上がっていることでしょう。11時では踵を下げ、踏み脚に備えなくてはいけません。

プロはなぜあんなに速く走れるんだろう、と思っている方は多いでしょう。

その理由には筋力や心肺機能の差もありますが、何よりもプロは、効率のよい、無駄のない走りをしているからです。

本質 力を無駄にしない

→ 時計の1時の位置からペダルを踏みはじめる

→ 5時以降の位置でペダルに力を加えても無駄に力を使うことになる

同じ４時間でも……

時計の１時から５時で踏めば余さず推進力になるが、３時から７時では無駄が多い

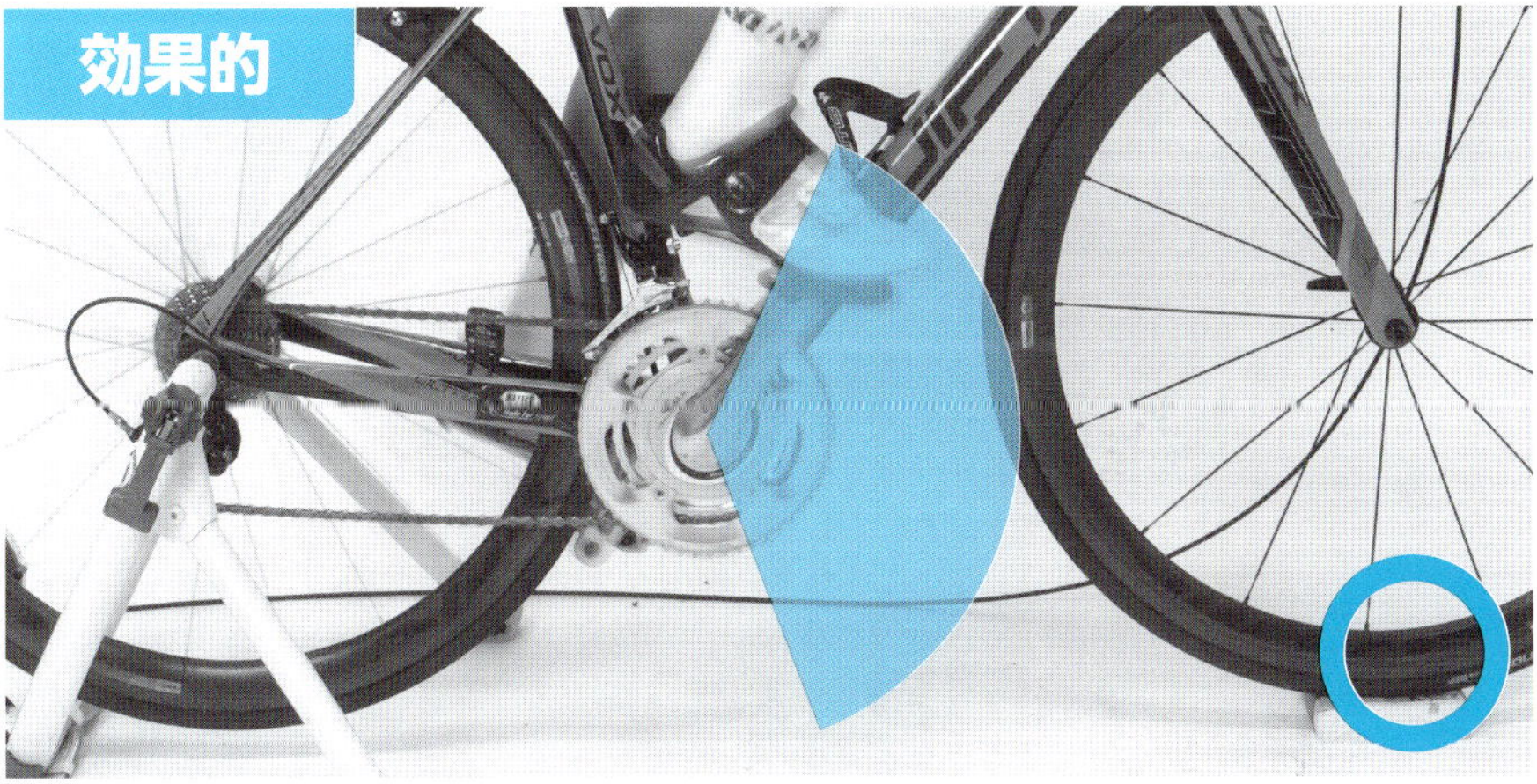

キーワード　ペダリング効率

ペダルの位置によっては、力を加えても推進力にはつながらない。つまり、力が無駄になっており、ペダリング効率が悪い。近年はペダリング効率を計測できる機器もある。

CHAPTER 2

15 他人に体を見てもらう

マッサージャーの目

体のどの筋肉が使えていて、どの筋肉が寝ているかを自分で知ることは簡単ではありません。この章で述べてきたペダリングに関する筋肉についても、指摘される前から気づいていた方は少数だと思います。

それは私も同じです。**私の場合は、マッサージャーからの指摘によって気づく場合がよくありました。**

私は現役時代に多い年で、年間200回以上マッサージを受けていました。すると、自分のどの筋肉が弱く、どこが強いのか。また、筋肉がどのように変化しているのかを、指摘してもらえます。

特にスポーツに詳しいマッサージャーでなくても大丈夫です。町のマッサージ店で問題ありません。大切なのは、客観的に体を見てもらうことです。

変化を大切にする

ただ一点、心がけてほしいことがあります。それは、**同じマッサージャーに継続して見てもらうことです。**なぜならば、同じマッサージャーならば、あなたの体の変化に気づきやすいからです。

まずはご自分の体の変化に敏感になってください。いえ、体に限りません。時速35kmでしか走れなかった場所を、38kmで走れた。タイムが短くなった。

そして、そういう変化を見つけたら、その原因を探り、次のトレーニングに活かしましょう。

本質 マッサージを受ける

→ 他人からの客観的な指摘が重要

→ 町のマッサージでよいので、同じマッサージャーに継続して頼む

● 体は変化する

トレーニングとは、変化の連続です。体が変化し、次のステップに進むことで選手は強くなります。

また、変化によって次のステップに進めば、それまで見えなかった、新しい課題も見つかるでしょう。

したがって、その後はその、新しい課題に向き合い、変化を続けるのです。立ち止まってはなりません。

トレーニングのＰＤＣＡ

自分に起こった変化を見つけ出し、その原因を探ることで次のトレーニングを効率化できる

Plan トレーニングを計画する

↓

Do トレーニングを実施する

↓

Check 体の変化を観察する

↓

Action 次のトレーニングに活かす

キーワード ▶ マッサージ

筋肉をもみほぐすことで、血液の循環を改善する。プロチームには専門のマッサージャーが帯同して、選手たちのマッサージを行っている。日本でマッサージを行うには国家資格が必要。

column
3

ヨーロッパを知る

私が高校生だったころは、大学に行かなければ実業団に入れなかった時代です。しかし私は大学推薦を手に入れることができません。

そのころ、私を誘ってくれたチームがありました。東京都のラバネロです。高校時代にシクロクロスの世界戦に出場し、その現場で声をかけていただいたのがきっかけでした。

こうして私は、ラバネロで実業団レースを走り始めましたが、結果はさんざんでした。完走すら、大変だったくらいです。

その夏、NIPPOのヨーロッパでの合宿に参加する機会がありました。レースのレベルはもちろん高かったのですが、なにか「手ごたえ」を感じることもできました。

帰国後、私は「ツール・ド・おきなわ」市民200㎞で優勝します。完走すら怪しかった私が、ヨーロッパでの経験を経て力をつけていたのです。

高校では自分よりも強かった選手を、追い越していたことにも気づきました。この時期にヨーロッパのレースを経験することの大切さを知ったのです。

私はラバネロの次のステップを、合宿でお世話になったNIPPOに決めました。

3章 パワーとトレーニングの基礎概念

contents

CHAPTER 3

1 なぜパワーメーターか？

客観的な指標

最近ではパワーを計測できるパワーメーターが広く普及しています。ホビーレーサーの方でも、使っている人は多いと思います。

私は21歳のころから「SRM」のパワーメーターを使ってきました。パワーメーターをトレーニングに導入した時期としては、日本人選手としてはもっとも早い部類に入ると思います。私の選手人生は、パワーメーターとともにありました。

パワーメーターの強みは、よく言われるように、**客観的で正確な指標である「パワー」を数値で見せてくれることにあります。**

速度という指標は、道の勾配や風向きの影響を強く受けます。パワーはそういう外部条件の影響を切り捨て、純粋に乗り手のパフォーマンスを数値化してくれます。

しかし、パワーメーターを使う利点は実は、もうひとつあります。

それはとてもシンプルですが、重要なことです。

楽しさを提供する装置

パワーメーターのもう一つの利点とは、楽しいことです。レースでの勝利を狙うシリアスレーサーでも、ホビーレーサーでも、自分がどのくらいのパワーを出せているか、ということを見られるのは、とても楽しいものです。

トレーニングにおいて「楽しさ」とは、プロにとっても無視できない、極めて重要な要素です。楽しさを確保するための努力は惜し

本質 パワーメーターの価値

→ 客観的にパフォーマンスを評価できる

→ トレーニングに楽しさが生まれる

むべきではありませんし、そのためにも役立つのがパワーメーターなのです。トレーニングは、楽しいほうがよいに決まっていますから。

イメージとパワー

トレーニングでは、イメージが重要です。経験のある選手ほど、気持ちが高ぶりがちな本番のレースでは冷静ですが、トレーニングではむしろ、レースをイメージして心を高ぶらせています。

逃げている自分、アタックをしている自分、スプリントをしている自分……そういう、イメージトレーニングを行っているのです。そんなイメージを大切にしてください。

そしてパワーメーターは、そういう主観的な「イメージ」を数値化してくれるものでもあります。

燃えるようなイメージと、クールなパワー分析を並行して行いましょう。

パワーメーター

SRMのパワーメーター。高い計測制度や、レースでも使える利便性を誇る

キーワード　指標

乗り手のパフォーマンスを確認するための指標としては、速度、心拍数などが使われてきたが、いずれにも、路面状況や体調などの影響を受けやすいという欠点があった。

CHAPTER 3

2 パワーは本質ではない

レースはパワーでは決まらない

トレーニングにパワーメーターがあったほうがいい、といお伝えしました。では、どのように使えばよいのでしょうか?

よくある使い方は10分なり1時間なりのパワーを計測して、その数値が以前より上がれば、自分が強くなったことを確認する、というものでしょう。

確認ですが、パワーとはトルク×ケイデンスです。風向きなどの条件がまったく同じならば、当然パワーが大きい選手のほうが速く走れます。

そして、特定のシチュエーションにおけるパワーが大きい≒そのシチュエーションに強い、と理解されています。10秒の平均パワーが他人より大きければ、スプリンター。1時間の平均パワーが大きければＴＴスペシャリスト。また、上りでの体重当たりのパワーが大きければ、クライマーというように。

したがって、(体重が同じならば)10秒のスプリントのパワーが１０００ｗの選手よりも、１２００ｗの選手のほうが強いと、一般的には思われています。

しかし、この使いかたは間違いです。あるいは間違いとまではいえないにしても、本質的ではありません。

なぜなら、レースはパワーを競う場所ではないからです。

トレーニングとレースではパワーの意味が異なる

パワーメーターのメリットは、風や路面状況といった、外部条件に左右されない客観的

本質　パワーにとらわれない

→ レースはパワーを競うものではない

→ レースでは、パワーメーターに現れない外部条件と戦わなければならない

なパワーを、数字で確認できることだとお伝えしました。

しかしレースとはまさに、その、風や路面状況と戦う場所です。**レースで勝つことを目標にしながらも、パワーばかりを見ていると、パワーメーターの強みが、逆に弱みになってしまいます。**

1時間の平均パワーである「FTP」が強さの指標になると勘違いしている方もいますが、同様に誤りです。今の私（体重65kg）のFTPは250wくらいなので、Jプロツアーなら私よりFTPが大きいレーサーがほとんどでしょう。今でも、私が監督としてレースを走ると、私よりも後ろでゴールする選手もたくさんいます。

パワーは大事です。しかし、スキルが伴っていない方がパワーに固執すると、走ることの本質を見失うでしょう。

レースはパワーを競う場所ではない

風や路面状況、位置取りといった、パワーには表れない要素によって順位が決まるのがレースだ

キーワード FTP

「Functional Threshold Power」の略称で、一時間の最大平均パワーのこと。日本では、選手の強さを図る指標と理解されることも多い。

CHAPTER 3

3 パワーを気にする前に

● パワー以前の問題

繰り返しますが、パワーメーターは大切です。パワーは客観的な指標ですし、使って楽しいため、モチベーションを上げてくれます。だから私はずっと、パワーメーターを使ってきました。

ですが、パワーばかりを気にしてはいけません。**その理由として、レースには「パワー以前」の問題が存在することが挙げられます。**

● パワーを発揮できるか？

どんなに強大なパワーを誇る選手でも、いつでも、また、どこでも、好きなようにパワーを発揮できるわけではありません。

トラック（屋内競技場）で行うトラックレースを思い浮かべてください。公道で行うロードレースとは違い、幅が限られていますから、激しい位置取りが展開されます。

仮に1500wの強力なスプリント力を誇る選手でも、目の前をふさがれていては、スプリントはできません。

あるいは進路が空いていたとしても、ゴールまで遠すぎる位置でスプリントを開始してしまっては、途中で失速するでしょう。

つまりパワーとは、位置取りやタイミングをつかむ能力があってはじめて活かせるものなのです。走行テクニックがない選手がパワーばかりを大きくしても、風を受け続けていたらレースでは勝つことはできません。

レースではなく、トレーニングであればパワーに注目してもいいでしょう。しかしトレーニングでも、本番を意識した走行テク

本質　パワーを発揮するために

→ パワーを活かすためには、位置取りなどの走行テクニックが必要

→ トレーニングではパワーを出し、レースではパワーを出さずに最大限のパフォーマンスを発揮

ニックを忘れてはなりません。

●レースとトレーニングでのパワー

レースとトレーニングでは、パワーについての見方が逆になります。

　パワーが大きいに越したことがないことは、間違いありません。ですから、トレーニングでは、パワーに注目し、パワーを出すように走ってよいのです。パワーが大きくなれば、トレーニングとしては成功だからです。

　しかし、レースはいくらパワーが大きくても成功とはいえません。

　レースの成功は一つだけ、勝利のみです。そして勝利のためには、パワーが小さいほうがいいのです。なぜなら、パワーが小さいということは、それだけ脚を使っていないということだからです。したがってレースではトレーニングとは逆に、「パワーを出さずに」パフォーマンスを発揮するよう走ります。つまり、トレーニングの逆です。

スプリントのための位置取り

スプリントでは、パワー以上に位置取りのテクニックが求められる

キーワード ▶ **位置取り**

集団内では、走りやすい場所に位置するために、選手間で位置取り争いが展開される。特にゴールスプリントには、激しい位置取りがつきものだ。

CHAPTER 3

4 常にレースをイメージする

● どういう状況なのか？

　トレーニングは、漫然と行ってはなりません。だから効率的なトレーニングを行うためにパワーメーターは役立つのですが、パワーメーターの数字を見るだけでは、まだまだ不十分です。

　走っている最中には、自分が行っているトレーニングメニューがレースのどういう状況に相当するのかを常に意識してください。**トレーニングとは、イメージトレーニングでもあるからです。**

　たとえば、300wのパワーで5分走を行っていたとしましょう。しかし単に300wを維持するだけでは、効果的なトレーニングとはいえません。この「300w・5分走」の中身はレースにおいて何であるのかが問題です。

同じ「300w・5分走」でもシチュエーションにはいろいろあります。レースがスタートしてすぐのアタックなのか、ゴールまで残り3kmでの逃げ切りを狙ったアタックなのか。あるいは、5分かかる上りかもしれません。

　すると、「300w・5分走」というメニューにもバリエーションが生まれます。ゴール前の逃げ切りを狙った5分走ならば、100kmなり150kmなりを走った後に行うべきでしょうし、上りでの5分走ならば、上りで行ったほうがいいでしょう。

　パワーメーターを導入したからといって、何も考えずに数値に従っていても、効率的なトレーニングにはならないのです。「今自分は何をしているのか？」を常に考え続けてください。

本質　自分は何をやっているのか？

→ メニューがレースのどの状況にあてはまるのかを意識する

→ 同じ時間・パワーのメニューでも、レース状況を意識すればバリエーションが生まれる

メニューと実際のレース状況

ある特定のメニューに対応するシチュエーションは一つではない

メニュー	シチュエーション
800w・20秒	ロングスプリント？ アタック？
300w・5分	アーリーアタック？ 逃げ切りのアタック？ 上り？
250w・1時間	長いヒルクライム？ 少人数での逃げ？

キーワード 時間とパワー

レースのどの状況も、特定の時間とパワーの組み合わせによって再現できる。たとえば、スプリントならば10秒・1000w、長時間の逃げならば3時間・200wといったものだ。

CHAPTER 3

5 パワーでレースの反省をする

● 自分の弱点を探る

レースの状況が特定のパワー・時間で再現できるということは、パワーメーターがあれば、自分がどのような状況に弱いのかを確認しやすいということでもあります。

距離１㎞の上りで遅れてしまった……という情報だけでは、自分が何に弱いのか、わかりません。基礎的なパワーが足りていないのかもしれないし、上りだけに極端に弱いのかもしれません。

しかし、距離１㎞・３分間・３００ｗの上りで遅れたということが分かれば、原因を探りやすくなります。

普段１８０ｗくらいのでの長距離トレーニングが多い方なら、２８０ｗ～３２０ｗくらいでのインターバルトレーニングを行ってレースに備えるべきでしょう。

● 自分の脚質を知る

逆に、パワーメーターを活かして自分の得意分野（脚質）を知ることもできます。

短時間・高強度のパワーに優れる選手ならば、短時間に強い「パンチャー」や「スプリンター」でしょう。

短時間・高強度が苦手でも、長時間にわたって高いパワーを維持できるならば、「ルーラー」になるはずです。

脚質は、生まれ持った速筋と遅筋の割合や体格などによってかなりが決まりますから、ホビーレーサーにも脚質差はあります。自分の脚質を知り、自分がもっとも得意とするシチュエーションでの戦いに持ち込みましょう。

本質　得意・不得意をパワーで知る

→ 遅れた状況のパワーがわかれば、苦手な領域を客観的に把握できる

→ 逆に、自分の強み（脚質）をパワーによって知ることも可能

レースはパワーと時間によって表現できる

たとえば、序盤にアタックが続き、いったん沈静化した後ペースアップ、
そしてスプリントで終わったレースなら以下のようになる

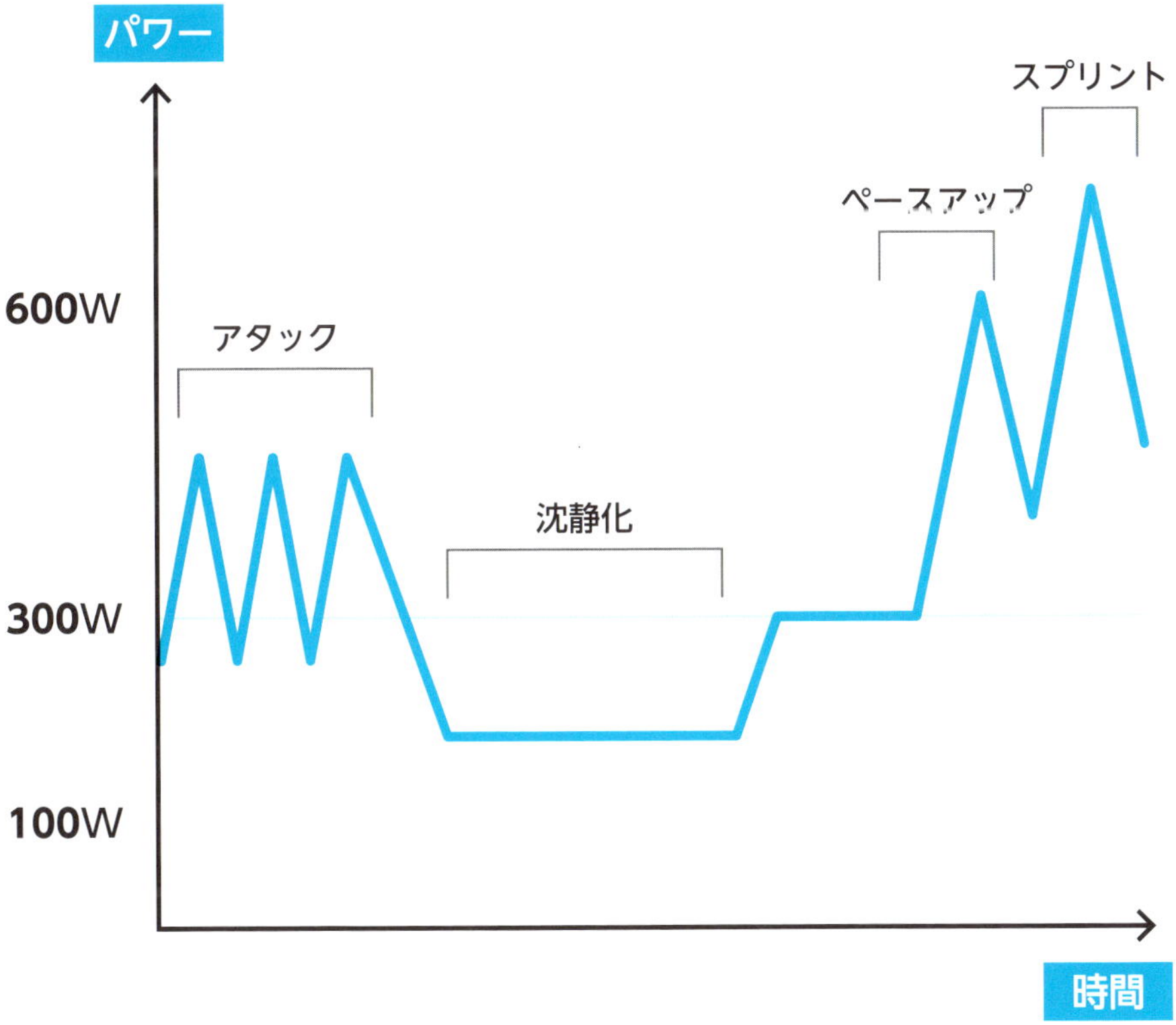

キーワード 脚質

その選手の得意分野のこと。スプリントに強い「スプリンター」、スプリント力と上りの力をある程度併せ持つ「パンチャー」、上りが得意な「クライマー」などが代表的

CHAPTER 3

6 トレーニングでは弱点をさらけ出す

弱点を強化する

自分の弱点を把握したら、トレーニングで弱点を強化します。

得意分野を伸ばすべきか、それとも弱点を強化したほうがいいのか、と悩む方がいます。

二者択一である必要はないと思いますが、**トレーニングの基本は弱点の強化です。**弱点を強化しなければ、強さを発揮できないからです。したがって日ごろから、常に自分が「何に弱いのか」を探っておいてください。

強さを発揮するために弱点を補う

たとえば、強力なスプリント力を誇る選手でも、平坦の独走力が足りなければ、スプリント勝負になる場所に至る前に、遅れてしまうでしょう。

また、選手としての能力は、ある程度のところに達したら、伸びが鈍くなります。だから、得意分野を伸ばすよりも、苦手分野を補うほうが簡単でもあります。

ひとりでのトレーニングでも、仲間と走る場合であっても、苦手なシチュエーションを多く作り出すようにしてください。平坦の独走が苦手ならば、積極的に前をひく、などです。

ホビーレーサーでも、ある特定のシチュエーションだけでプロ並みの強さを発揮する人は少なくないように思います。

その強みをさらに伸ばすトレーニングも不要だとは思いませんが、あえて弱みをさらけ出し、強化することこそが結果的に、強さを活かすことにつながるでしょう。

本質 **不得意分野を鍛える**

→ トレーニングでは苦手な領域を鍛えるのが基本

→ 弱みがあると、強さを発揮しづらくなる

脚質と苦手分野の例

脚質（得意分野）によって異なるが、選手にとって苦手とする分野は必ず存在する

スプリンター

苦手分野→ 独走 ヒルクライム

クライマー

苦手分野→ スプリント 独走

ルーラー

苦手分野→ ヒルクライム スプリント

キーワード 弱点

得意分野である脚質とは反対に、どのレーサーにも苦手分野は存在する。脚質とは反対の能力を要求されるシチュエーションを苦手とする場合が多い。

CHAPTER 3

7 パワーで自分を振り返る

● 速くなった原因を探る

P69で、体の変化に注目すべきだと書きました。それはパワーに関しても同様です。

パワーメーターが今まで以上の数値を出したら、それはパフォーマンスが上がったということを意味します。しかし、喜ぶだけでは意味がありません。重要なのは、なぜ数値を更新できたか、その理由です。

● 変化には必ず理由がある

10分間250wが限界だった人が、260w出るようになった。

それはもちろん喜ばしいことですが、何か理由があるはずです。その理由を探らなければいけません。腸腰筋を使えるようになったのか、心肺能力が強化されたのか……思い当たることがあるはずです。

理由を特定できたら、そこをさらに鍛えれば、もっと速くなるでしょう。もちろん、いずれ伸びは鈍ってくるはずですが、そうしたら、また別のところを強化すればよいのです。

速くなる、とは一種の変化であり、変化には必ず原因があります。そこまでを探らなければいけません。

● 新しいことは変化をもたらす

別の視点から見ると、新しいことを行えば、体には必ず変化が起こるということでもあります。今までにない種類のトレーニングを開始すれば、体にも、今までにない変化が起きます。**その変化を見逃さないでください。**

本質 なぜ速くなったのか

→ 速くなったのには、必ず何かしらの理由がある。その理由を見逃さない

→ 以前と比べて、変化した部分に注目してトレーニングを行う

パワーアップの理由とは？

速くなった、ということには必ず理由があるが、理由は複数考えられる

トレーニングの変化

新しいメニュー、体幹トレーニングの導入、ポジションや機材の変化……

身体の変化

心肺能力の強化、筋力の強化、フォームの洗練……

結果

速くなる、パワーが増す、楽になる……

キーワード 変化

身体の変化もあれば、ポジションや機材の変化が影響することも多い。また、体調や天候も無視できない要素だ。

CHAPTER 3

8 心拍計の意外な弱点

心拍計の問題点

パワーメーターが普及するまでは、心拍計が主な指標として使われていました。

心拍数は運動強度によって変化します。運動強度が上がれば必要な酸素量が増え、心臓が多くの血液を送り出す必要が生じるため、心拍数が上がります。運動強度が下がれば、その逆です。

したがって、運動強度の変化が心拍数に現れるまで、数秒～十数秒程度のタイムラグがあります。短いメニューでの厳密な強度計測には向いていません。その点パワーメーターにはタイムラグがないため、心拍計への大きな優位点として挙げられます。

また、パワーメーターの心拍計への優位点としては、度々体調の影響を受けないことも挙げられています。

心拍数は体調によって上下するため、安定した指標にはなりえません。体調が悪いと低くなり、調子がよいと逆に、高く出てしまいます。

しかし他にも、心拍数に影響を与える要素があります。それが筋肉の疲労です。

筋疲労により下がる心拍数

あまり知られていませんが、筋肉が疲労すると、心拍数が上がりにくくなります。１日１００㎞～２００㎞程度のトレーニングを続けて行うと、３日目くらいには、心拍数が上がりにくくなっていることに気づくと思います。

追い込んだトレーニングをしている時期

本質　心拍数は筋疲労の影響を受ける

- 心拍数には、疲労など体調の影響を受けやすいという欠点がある
- 体調以外にも、乗り込みを続けて筋肉が疲労すると、心拍数は上がりにくくなる

に、強度を上げているはずなのに心拍数が妙に低いという経験をされたがいると思いますが、それは筋疲労が原因だと思います。

ところが、心拍数は低くても、パワーは出ていることもあります。パワーメーターがあれば、心拍数と筋疲労の両方を確認しながら、パワーを正確な指標として活用できます。

● 厳しいトレーニングで意味を持つパワーメーター

追い込んだトレーニングをすれば必ず筋疲労を伴います。そういう、重要なトレーニングの時期に正確な指標になり難いのは、心拍計の大きな弱点ではないでしょうか。この点も、パワーメーターが必要になる理由の一つです。

心拍数と体調との関係

心拍数は体調の影響を受け、実際の強度よりも高めに出る場合も、逆に低めに出る場合もある

心拍数が高めに出る場合

休養明け、極端な好調など

心拍数が低めに出る場合

不調、体調不良、筋疲労がある場合など

キーワード　心拍数と体調

体調が悪いと心拍数は実際の強度に対して低めに出る傾向がある。一方で、休養明けなどは強度に対して高めになる。しかしパワーは影響は受けない。

CHAPTER 3

9 パワーメーターは高精度のものを！

●SRMの強み

私はずっと、ＳＲＭのパワーメーターを使ってきました。今でも、使っています。

理由は、計測精度の高さです。パワーメーターにおいて、精度の高さは重要です。

各社から様々なパワーメーターが出ていますが、計測精度にはばらつきがあります。5%程度の誤差があるものは少なくありません。

たった5%の誤差なら問題ないだろう、と考えるかたもいるでしょう。確かに一見、小さい数字です。１００ｗのパワーならば、誤差5%は＋－５ｗでしかありませんから、大した数値ではありません。

しかし、誤差のパーセンテージが一定ならば、パワーが大きくなればなるほど誤差の数値は大きくなるのです。

１２００ｗのスプリントでの5%は、６０ｗもの誤差になります。１１４０ｗと１２６０ｗとでは、別の選手といってよいほどの差でしょう。パワーが大きい、つまり勝負に関わる可能性が高い状況での誤差の大きさは、見逃すべきではありません。

ＳＲＭのデメリットとして、高価であることが挙げられます。確かに、一式で30万円以上という価格は手軽に手を出せるものではないかもしれません。

しかし、今や40万円のホイールや40万円を軽く超えるフレームが当たり前の時代です。ホイールを変えれば、一瞬、速くなった気になるかもしれませんが、それだけの話です。

そんな時代にあって、ＳＲＭの価格は決して高いとは思いません。

本質 パワーメーターの精度に注意

→ パワーメーターは各社から出ており、価格や計測方法が異なる

→ パワーメーターによって計測精度にも差がある。SRM は最も高精度な部類に入る

SRMのパワーメーター

SRMはヨーロッパでも広く使われている。中央の選手もSRMのパワーメーターを装着している

キーワード SRM

ドイツの「Schoberer Rad Me β technik」社のパワーメーター。1980年代から続く、長い歴史を持つ。世界最古のパワーメータの一つであり、高い計測精度が特徴。

CHAPTER 3

10 パワーを一定に保つ

はじめに上げすぎない

パワーメーターを使ってトレーニングメニューを行う際には、強度を一定に保つことが重要です。

よくある間違いが、メニューのはじめに、強度を上げすぎてしまうというものです。そうすると、**はじめに上げすぎた分は、いわば「借金」となりますから、メニューの後半に返済しなければならず、タレてしまいます。**

特に、心拍数を指標にトレーニングをしていると、このミスを犯しがちです。

心拍数は強度の変化を反映するまでにタイムラグがありますから、なかなか心拍数が上がらない序盤に、強度を上げすぎてしまうのです。パワーメーターと心拍計を併用している方なら、よくお分かりになるでしょう。

頻繁に強度が上げ下げしては、狙い通りのトレーニングにはなりません。はじめから終わりまで、狙い通りの一定パワーでメニューを行いましょう。

パワーメーターはタコメーターである

一定パワーが重要とはいえ、あまりパワーメーターを難しく考えすぎないでください。最大のメリットは、トレーニングが楽しくなることです。スポーツカーを好きな方ならわかると思いますが、パワーメーターとは、エンジンの回転数を示すタコメーターのようなものです。速度計だけを見て運転しても、速度が出ない向かい風は面白くはありませんよね。パワーメーターは、目標と楽しさを提供してくれるアイテムなのです。

本質 メニューの強度は一定に

→ はじめに強度を上げがちだが、そうすると後半にタレてしまう

→ 強度変化が心拍数に現れるまでにはタイムラグがあるため、心拍計ユーザーに多いミス

一定パワーでメニューを行う

メニューのはじめに強度を上げすぎると、後半にパワーが低下しやすい

強度を上げすぎた場合

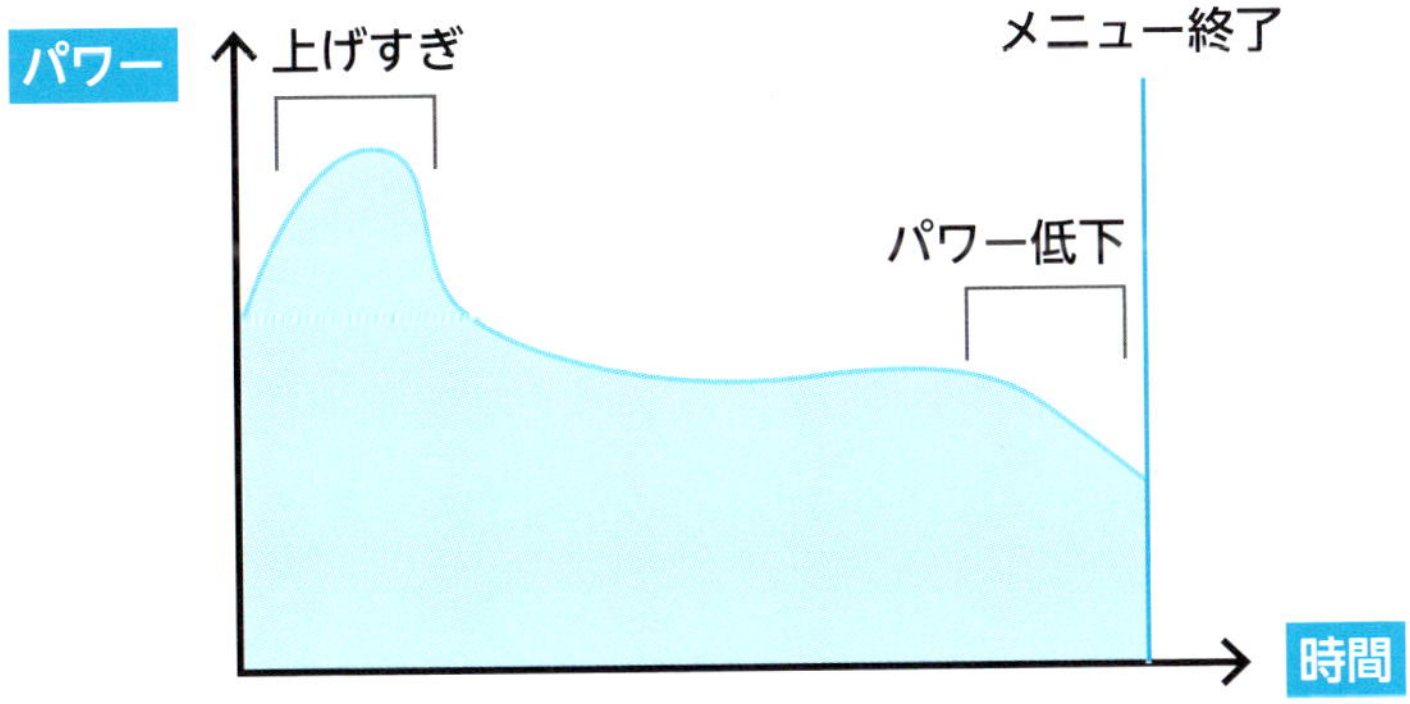

一定パワーの場合

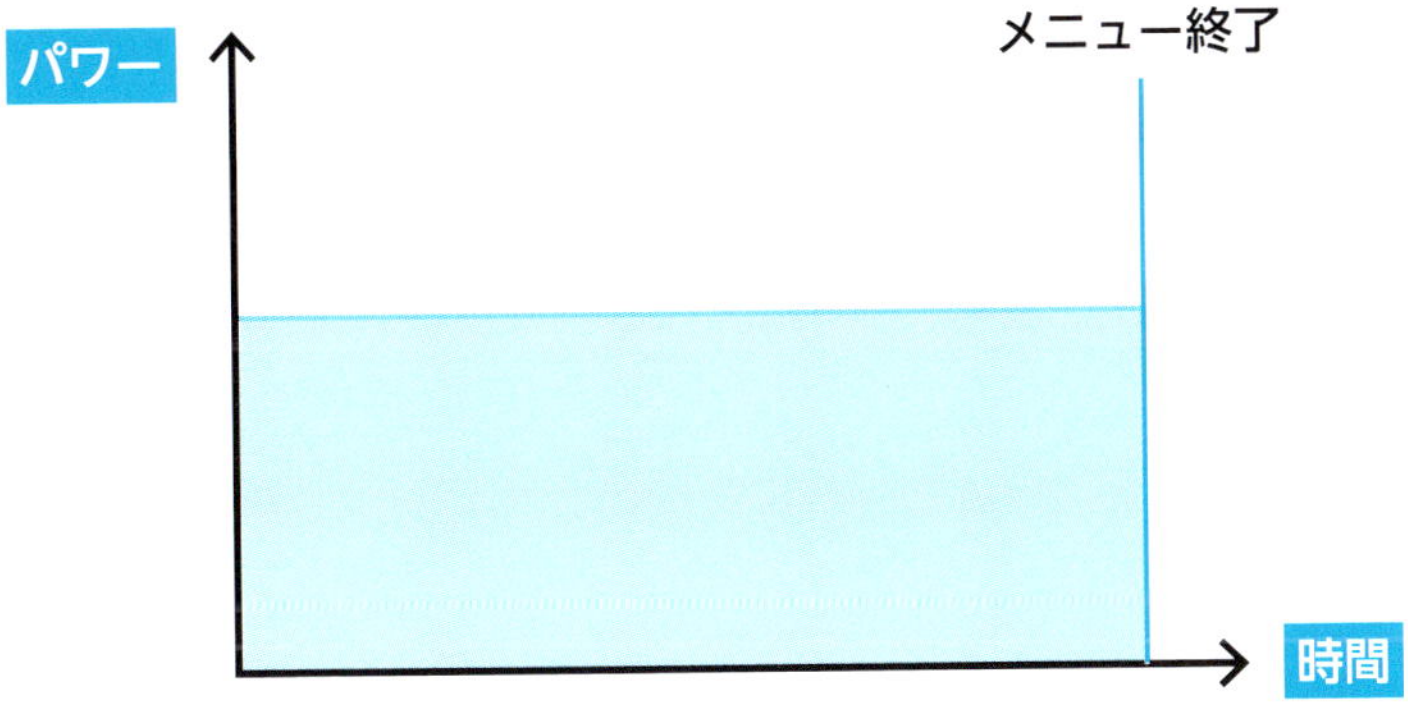

キーワード 心拍数とパワーのタイムラグ

心拍数はパワーをそのまま反映するのではなく、パワー（強度）の上昇に伴う血中酸素濃度の低下を補うために心拍数が増大するというメカニズム上、パワーとは異なり、タイムラグが生じてしまう。

CHAPTER 3

11 自分の体と対話する

マニュアルに頼らず、五感を使う

あなたは料理をしますか？　私は、サイクリストは料理をしたほうがいいと思っています。

料理は、素材との対話です。素材の声を聴きながら、たとえば調味料の量を調整しますし、火加減も変えていく。味見もします。視覚、聴覚、嗅覚、味覚……五感を総動員します。

マニュアル、つまりレシピに機械的に従うだけでは、不十分なのです。

トレーニングも同じです。人から指示された、あるいは本で見たメニューは、それだけではマニュアルにすぎません。ケイデンス、呼吸、ギア比、フォーム……トレーニングの「素材」は自分の体ですから、常に体との対話を続けてください。

何のためのメニューか？

そして、常に「何のための行為なのか？」という問いかけを忘れないことも大切です。

レシピに「砂糖ひとつまみ」と書いてあったとして、機械的に従うだけでは、いつまで経っても料理の腕は上がりません。

なぜ砂糖ひとつまみなのか？　甘くするためかもしれないし、逆に塩味を引き立てるためかもしれない。もしかしたら、照りを出すためかもしれません。考えましょう。

そして、砂糖をひとつまみ追加したら、必ず味見をしてください。変化を確認するためです。そして、この点においてもトレーニングと料理は似ているのです。

本質　料理人のように五感を活かす

→ マニュアルに従うだけのトレーニングは避ける

→ 常に目的を念頭に置いてトレーニングを行う

サイクリストは料理をすべし！

感性を研ぎ澄まし、変化を確認しながら行う料理は、トレーニングに似ている

キーワード　トレーニングメニュー

メニューの数は無数にあるが、プロはその中から、必要なものを適宜選び出して行っている。メニューを知ることだけではなく、自分に必要なメニューを選び取る能力も必要だ。

CHAPTER 3

12 LSDの本当の意味

LSDは必要だが……

LSDという、非常に有名なトレーニングがあります。読者の方も、ほとんどがご存知でしょう。

念のため解説すると、LSDとはLong Slow Distanceの略で、長距離（ロング）をゆっくりと走るトレーニングのことです。有酸素運動能力の基礎だと、しばしばいわれます。

近年は、LSD不要論などもあるようですが、私はLSDは絶対に必要だと考えています。**しかしその理由は、よく言われるように「有酸素運動能力の基本だから」というものだけではありません。**

LSDで体を使いこなす

LSDとは、体の使いかたを学ぶためのトレーニングです。

体の使い方とは、ここまで述べてきたような、「骨で押す」イメージや腸腰筋で脚を上げること、体重を使ってペダリングをすることなど、自転車を前に進めるためのあらゆることを指します。

このような体の使い方は、結局のところ、自転車の上でしか学べないのです。乗り込むしかありません。

ですから、フォームには注意を払います。ハンドルに体重が乗ってしまっていないか。サドルにどっかりと座っていないか。体重はペダルに乗っているか。正しいフォームか、常に自問自答してください。

本質 LSDで体の使いかたを知る

→ LSDとは、体の使い方をマスターするためのトレーニング

→ 体の使い方を学ばなければ、次の段階へは進めない

●「ロング」でなくてもOK

そしてそのフォームが維持できなくなった時点で、休憩を入れるべきです。最初は1時間のLSDでも簡単ではないかもしれません。「ロング」にこだわるあまりフォームがないがしろになっては無意味です。

やがて、その1時間が2時間になり、5時間になったら、LSDの必要性は薄れるのかもしれません。そうなってはじめて、フォームを身につけたといえるのです。

正しいフォームを知らない人が、高強度のインターバルなどを行えるはずがありません。その意味でLSDとは、サイクリストとしてのもっとも基本的なトレーニングなのです。

LSDで体の使いかたを覚える

LSDは心肺能力向上の基礎であるだけではなく、自転車を前に進ませるための体の使いかたを学べる

キーワード ▶ LSDの効果

LSDは毛細血管を発達させ、酸素の運搬能力、有酸素運動の基礎能力を作ると言われている。ただし、高強度のトレーニングでも毛細血管は発達するという。

CHAPTER 3

13 まずは筋肉の準備運動を行う

● 筋肉を使う準備をする

マッサージについて解説したときに（→P48）、筋肉を使いこなすには、筋肉を柔らかい状態に保たなければならないとお伝えしました。

つまり、**筋肉には、使うための準備が必要なのです。**特に私のように、筋肉が硬い選手はそうです。

私の場合は、準備の一環がマッサージだったのですが、それだけではなく、LSDもその手段の一つでした。

● 筋肉の準備とは？

難しく考える必要はありません。準備運動のようなものです。ただし、何を準備運動にするのかは、個々人によって違います。

握力が最大60kgの人がいたとしましょう。**しかし彼が常に60kgの握力を発揮できるかというと、違うはずです。**58kgの日もあれば、53kgの日もあるでしょう。

それは、筋肉が常に臨戦態勢をとっているわけではないからです。だから、筋肉に100％の力を発揮させるための準備が必要なのです。どうすれば筋肉は準備OKになるのか。それは人によって違うでしょう。どの競技でも、本番前の準備運動が選手によって違うのと同様です。私の場合は、それがマッサージとLSDでした。しかし人によってはストレッチかもしれないし、インターバルで刺激を入れることかもしれません。

あなたの筋肉が100％の力を発揮するための準備運動を探してください。

本質　筋肉の準備運動

→ 筋肉が力を発揮するためには準備運動が必要

→ 準備の内容は個人差が大きく、マッサージであったり、インターバルであることも

筋肉には準備が必要だ

ストレッチやウォーミングアップ、LSD によってパワーを発揮するための準備を行う

キーワード ▶ 準備運動

怪我の防止のためという側面が強調されがちだが、本来のパフォーマンスを発揮するための行為でもある。

CHAPTER 3

14 調子が悪いときこそチャンス

● 力を使わずに走る

疲労が溜まっている、あるいは調子が悪くてどうも力が出ない。

そんなときこそ、トレーニングの絶好のチャンスです。なぜなら、力を使わない走りかたを身に着けることができるからです。

疲労が溜まって力が出ないときに自転車に乗っても、当然スピードは出ません。それでも、ゆっくり、ゆっくりと走っていると、普段のコンディションでは見えない、力を使わない走りかたが理解できるはずです。

２００９年の全日本選手の直前には、合宿での激しいトレーニングのせいか、極端な疲労でまともに歩けないような状況でした。それでもなんとか自転車にまたがりましたが、時速12・13㎞がせいぜいです。

しかしそのままゆっくりと走っているとだんだんとスピードが出るようになり、2時間を過ぎたころだったと記憶していますが、速度は時速35㎞近くまで上がっていました。体調は変わりません。

そのとき私は、力を使わない、効率のいいペダリングというものが見えた気がしました。普段の自分がいかに無駄な力を使っていたか、痛感したのです。全日本では2位でした。

私は、男性よりも女性のほうがコーチしやすい印象を持っていますが、それも同じ理由です。**つまり、筋力が弱い女性は、無意識のうちに力を使わない走りかたを探っているのだと思います。**男性はなまじ筋力があるから、力任せの、無駄の多い走りかたをしてしまうのでしょう。

本質 力が出せない状況を利用する

→ 力が出せる状態では、力任せの、無駄の多い走り方に陥りがち

→ 力が出ないときや、非力な女性のほうがむしろ、無駄の少ない走りかたを習得しやすい

2009年全日本選手権

レース前のオーバートレーニングによる極度の疲労状態にもかかわらず、
2位に入る

キーワード　オーバートレーニング

激しいトレーニングを重ねると、やがて、疲労によって力が出なくなる。これをオーバートレーニングという。通常の疲労とは異なり、回復には長い時間がかかる。

CHAPTER 3

15 時速15㎞からのトレーニング

● 力まかせに踏まない

ホビーレーサーの方のかなりが、トレーニングがはじまるといきなり、ものすごいスピードで走りはじめたりします。中途半端に力をつけてきた方ほど、そうです。

私はいつも、時速15㎞くらいからトレーニングを開始していました。力任せの、効率の悪いフォームでトレーニングを行っても意味がないからです。

力任せに走っては、綺麗な効率のよい走り方は理解できないでしょう。そんな方に、現役時代の私も行っていた、あるメニューをご紹介します。

場所は平坦で行います。ギアはインナーロー、つまり、一番軽いギアに入れます。

この状態で、ケイデンス１００を保ちながら走ります。ケイデンスはしっかり守ってください。１０５でもいけませんし、95でもいけません。そして常にチェーンにペダリングによるテンションがかかるようにしてください。

いうまでもなく、ものすごく強度が低いトレーニングです。速度はせいぜい時速15㎞程度でしょうから、ＬＳＤよりも低強度です。

しかし、やってみればわかるかと思いますが、**とても難しいメニューです。**トッププロでも、簡単ではないでしょう。

このメニューを行えば、無駄のない綺麗なペダリングというものがどれほど難しいか、理解できるはずです。ペダリングとはそれほど奥が深いのです。

やれインターバルだ、ＦＴＰだと、いろいろなことを考えすぎている人こそ、やってみる価値があるメニューです。

本質 ペダリングだけに集中する

→ 平地でインナーローに入れ、ケイデンス 100 を守って走る

→ 低強度だが極めて難しいため、ペダリングの改善につながる

時速 15km でペダリングを知る

ギアをインナーローに入れ、ケイデンス 100 ジャストを維持して走る

キーワード ▶ 低強度

速度やパワーが低く、心配能力や筋肉への負担が小さいことを強度が低いという。一般には高強度のメニューのほうが難しく、苦しいとされる。

CHAPTER 3

16 センタリングの後に負荷をかける

●骨で押すために

無駄な力を使わない動きとは、頭だけで理解できるものではありません。結局のところ、**体で学ぶしかないのです。**

しかも、体の使い方は、すぐに忘れてしまいます。現役時代の私も、自転車にまたがってすぐに、「骨で押す」ペダリングができたわけではありません。準備は必要でした。

私は準備のことを「体のセンタリング」と呼んでいました。トレーニングの前にも、レースの前にも、必ずセンタリングをしなければいけません。**センタリングをしてはじめて、力を使わずにスピードに乗せることができるのです。**

センタリングの内容は選手によって異なるでしょうが、私の場合は、距離を乗ることが一番多い方法でした。多くのホビーレーサーにも、あてはまるはずです。

100㎞、150㎞と距離を乗っているうちに、気が付いたら力を使わずに、楽にスピードに乗っていた、という経験があると思います。それが、センタリングです。

高強度のトレーニングを行う場合も、レースを走る場合も、まずはこのセンタリングによって、体の使いかたを思い出すことが必要です。レース前のアップには、センタリングの意味もあります。

センタリングは人によって違いますから、必ずしもロングライドである必要はありません。インターバルでセンタリングができる方もいるでしょう。しかし内容が何であれ、センタリングは必要です。自分にとって最適のセンタリング方法を探してください。

本質 最初に体の準備を行う

→ 効率のいい体の使いかたを思い出すための準備は必要

→ ロングライドなど、人によって方法は異なる

レース、トレーニングの前にセンタリングを行う

ウォーミングアップには、体の使い方を思い出すための「センタリング」の側面もある

キーワード センタリング

実際に走ることで、体に効率のよい走り方を思い出させること。準備。低強度でのロングライドが代表的な方法。タイムトライアル前にローラー台でアップを行うのも、一種のセンタリング。

column
4

1990年代のヨーロッパを走る

NIPPOに移籍した、といってもそれは日本国内のレースだけの話です。ヨーロッパのレースは、NIPPOの大門 宏監督にコーディネートして頂いたヨーロッパのチームで走っていました。

メインはあくまでヨーロッパでの活動です。成績は、あまりよくありません。表彰台に一度上れたくらいです。

レースに詳しい方はご存知のように、当時、1997年や1998年はドーピングの全盛期です。150㎞のレースの平均速度が時速50㎞近いような時代でした。辛い時期でした。

私はその風潮が嫌だったこともあり、一時期は競輪への転向を考え競輪学校を受験しましたが、合格はできませんでした。

ただし、強くなれていた実感はあります。箸にも棒にもかからない選手だった私が、徐々に階段を上れていた実感はありました。

しかしそのころ、母の肝臓の調子が悪くなりつつあったのです。治療のためには、私の肝臓の一部を移植する必要がありました。

私は迷わず、手術を決めます。それはもちろん、選手としてのパフォーマンスに大きなダメージを与えることを意味します。2001年のことでした。

4章 ポジションとパーツを体から考える

contents

CHAPTER 4

1 よいポジションとは？

●「パーフェクトポジション」は存在しない

よく「どんなポジションがよいですか」と聞かれます。しかし、**「パーフェクトポジション」は存在しないのです。**

それにも関わらず、多くの人が「楽なポジション」を追い求めてしまうのは、ポジションに対する根本的な誤解があるからだと思っています。

もちろん、あきらかに「間違ったポジション」はあります。たとえば、足がつかないくらいサドルが高かったり、異常に低かったりしたら、走りづらいでしょう。しかしそのレベルの問題は、ほとんどのホビーレーサーはクリアしていると思います。

●体の使い方が「先」、ポジションは「後」

ポジションについての、よくある勘違いは次のようなものだと思います。

どこかに「パーフェクトポジション」が存在して、自転車をそのポジションにしたとたん体が使いやすくなり、急に走りが楽になる！　だから、「パーフェクトポジション」を求めて色々な人に話を聞いたり雑誌を読み漁ったりする。

つまり、考え方のはじめに「パーフェクトポジション」があるのです。

しかし、この発想は逆です。

まず、最初にあるのは体の使い方であり、ポジションは後です。

ポジションを変えたから走りがよくなるのではなく、体の使い方を変えたほうがよいと

本質　体の使い方を変えるためのポジション

→ 一般に言われる「よいポジション」はない

→ 体の使い方が見えたときに、ポジションを変える

気づいたときに、体の使い方を変えるためにポジションを変えるのです。

もっと前傾を深くしたほうが速く走れると考えたから、ハンドルを下げる。それなら理解できます。

しかし、ハンドルを下げれば速くなるとか、ステムを短くすれば楽になるなどという発想は、そもそも逆なのです。体の使い方が先に来ていないからです。

ポジションで大切なことは、自分が体をどう使いたいか、なのです。

体をどう使えばより速くなるかが見えたときに変えるべきであって、変えたから速くなるものではありません。その意味で、「パーフェクトポジション」はどこにも存在しません。まずは可能な範囲でのよいポジションを見つけた上で、目標とするポジションに近づくために日々、努力を重ねてください。

体が先、ポジションが後

「よいポジション」が先にあるのではなく、ポジションは体の変化に追随するものだ

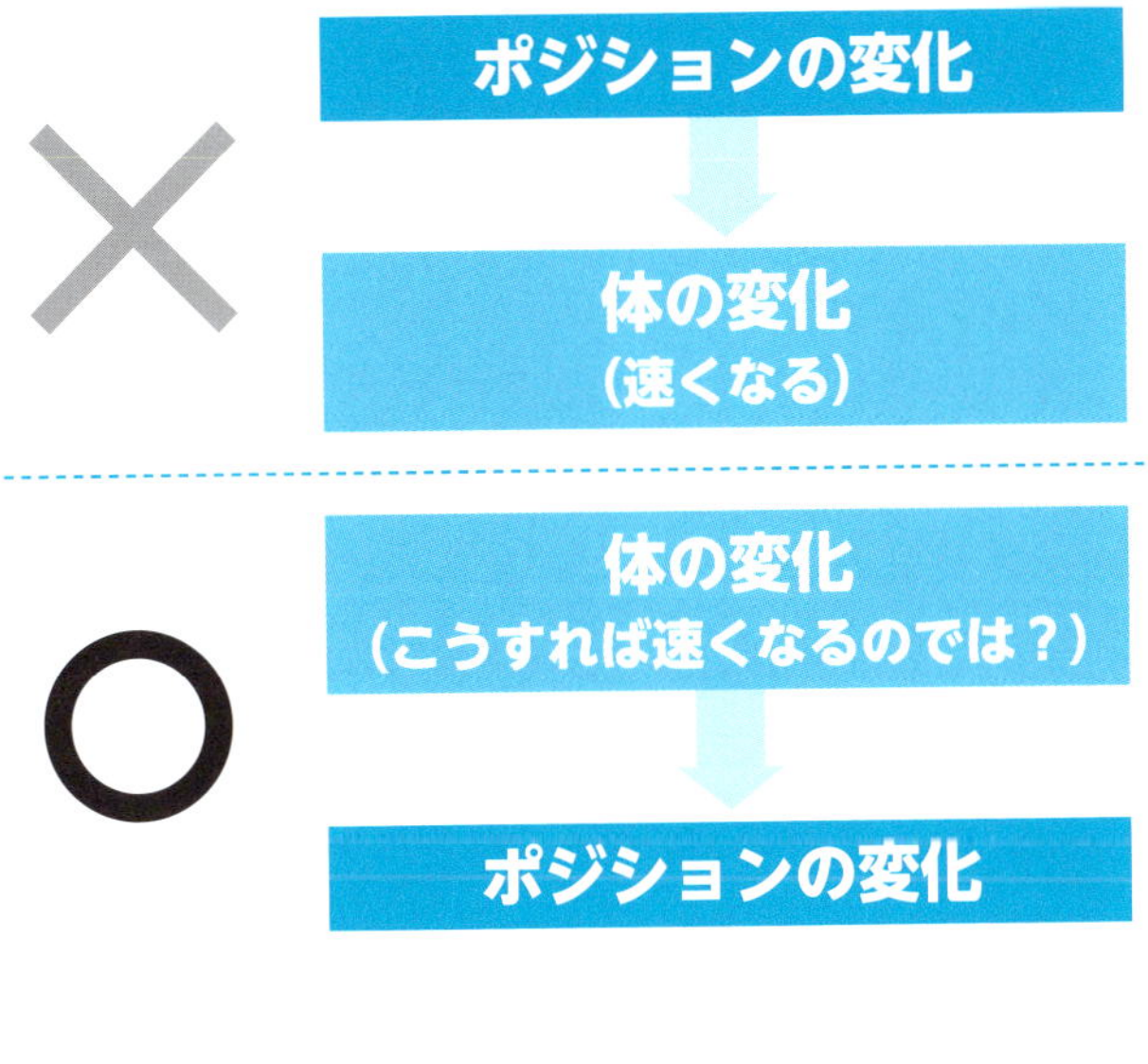

キーワード　ポジショニング

サドルやハンドルの位置を調整し、乗りやすいポジションを出すこと。ステムの長さなど、パーツ交換が必要になる部分もある。

CHAPTER 4

2 まずはサドルを下げて、後ろに引く

まずは脚を上げられるようになる

2章~3章でお話しした、ペダリングでの脚を上げることの重要性について理解していただくために、試してもらいたい事があります。

スムーズな脚上げができない人は少なくありません。そして、やはり前に述べましたが、**そういう人のサドルの多くは高めです。** 脚が上げられないことを、サドルを上げてごまかしているのです。

結局はごまかしにすぎませんから、速さにはつながりません。まずは1~3章でお伝えした、体の使いかたをマスターしてください。ポジションが先にあるのではなく、体の使い方が先です。

以上を踏まえた上で、ポジションに関する一般的なアドバイスをするならば、**「サドルを低く・後ろに」** ということになります。サドルを思い切って、1~2㎝くらい下げます。それだけではサドルとBBとの距離が縮まり、脚が上死点で詰まるようになってしまいますから、サドルを後ろに下げて距離を確保します。

若いころはまず、サドルをレールの一番後ろまで下げ、その後、サドルの高さを調整していました。今思っても理に適っている方法だと思います。

サドルを下げ、後ろに引いたこのポジションは、腸腰筋を使って脚を上げられることが前提になっています。ごまかしが効かないのです。

本質　サドルを下げて、引く

- サドルを1～2㎝ほど下げ、その分後ろに引く
- 腸腰筋が使えなければペダリングが難しい、ごまかしの効かないポジション

サドルを後ろに下げてみる

サドルを１～２㎝程度下げ、その分サドルをレールの後ろまで引く

キーワード　セットバック

サドルをどこまで引けるかは、シートポストのセットバック量によって変わる。15㎜～ 25㎜程度が主流。

CHAPTER 4

3 ポジションは変化する

体とともに変わるポジション

ポジションの考え方が体の変化後に来るということは、体の変化に合わせてポジションも変わるということです。

50㎞しか走れなかった人が１００㎞を走れるようになったとき、当然、ポジションは変わっているはずです。**体に合わせてポジションは変化するものなのです。**

年に２０００㎞ほどしか乗らない今の私のポジションも、４００００㎞乗っていた現役のころとは別のものになっています。当然です。体も、走り方も変わったのですから。

体は変化し続けます。

強くなるにせよ、弱くなるにせよ変化します。したがって、ポジションが変化しないほうが変なのです。

理想のポジションは存在しません。もしポジションが変化していないなら、体が進化していないということです。私も、現役時代は、毎年ポジションを変化させていました。「理想のポジション」がないというのは、こういう意味です。

課題を探し続ける

別の表現をしましょう。

ポジションに正解がなく、変化し続けなければならないということは、体の使い方について課題を探し続けなければいけないということでもあります。

体幹の弱さが課題だったけれど、平坦なスピードコースで腹筋で体を支えられるくらい、体幹が強くなってきた。これならもっと

本質 体と一緒にポジションも変わる

→ 体は変化し続けるため、ポジションも常に変わり続ける

→ 体の使いかたを改善するためにポジションが変化する

ポジションを低くしても大丈夫そうだ。

そう判断できたとき、はじめてステムを下げます。体の使い方に敏感になっていれば、常に課題と向き合えているはずです。

そういう選手は、安易に「姿勢を低くすれば空気抵抗が減るだろうからステムを下げよう」と考えることをしません。体幹に十分な力がない状態で無理にステムを下げても、脚のパワーが弱い体幹に吸収されてしまいます。

体に敏感になり、課題を探し続けてください。その課題を解決するためのひとつの方法が、ポジションを変えることです。

ポジションの変化は終わらない

ポジションは変化し続ける。まずは体についての課題を探すことからはじまり、その後ポジションを変化させ、フォームが進化する

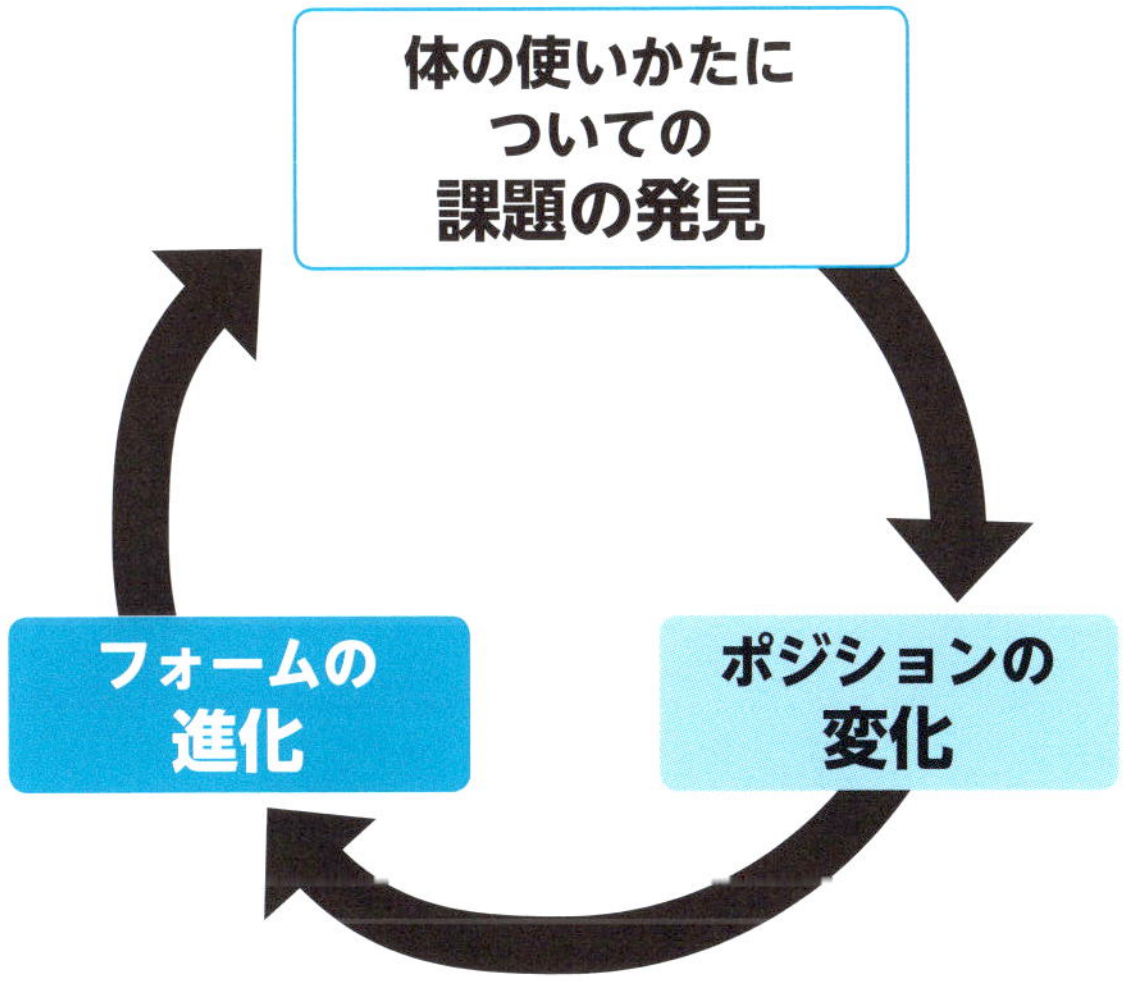

キーワード　ポジションの変化

プロ選手のポジションも、注意深く見ていると細かく変化している場合が多い。ポジションが変わった選手は、フォームや脚質にも変化が見られる。

CHAPTER 4

4 フレームは見た目で選ぶ

「好み」の重要性

ポジショニングについて簡単に触れたので、パーツの選びかたに移りましょう。

もっとも重要なパーツは、言うまでもなくフレームです。一番高価であり、ロードバイクそのものといってもいいでしょう。そのフレームをどのように選ぶべきか？

見た目で選ぶのがいいと思います。デザインと言ったほうがいいでしょうか。要は、一番格好いいと思うものを選んでください。

あるいは、好きなブランドのものを選んだり、ビルダーのこだわりを感じられるものを探すのもいいでしょう。乗って楽しいものを選べばいいのです。

性能の差はあまりないように思います。乗り味が多少違うくらいです。オーダー可能なクロモリがフレーム素材の主流だったころは、乗り味に大きな影響を与えられるジオメトリを含めて個性がありましたが、カーボンの既製品が主流の今では考えにくいでしょう。だから、色やデザインで選べばいいのです。冗談ではありません。

フレームの見た目はとても大事です。自分が「好きだ」と思える自転車に乗ることは、とても大切なことです。

「理想の機材」はない

「万人にとって理想的なもの」がないという点では、機材はポジションと同じです。「誰にとってもよい」ものはありませんが、今のあなたのモチベーションを上げてくれるもの

本質 フレームの性能差は小さい

→ 現在のカーボンフレームには、大きな性能差はない

→ デザインだけではなく、乗り味についても自分の好みを把握する

はあるはずです。

個性がないと言いましたが、乗り味に多少の差はあります。しゃっきりしたフレームが好きな方もいれば、コーナーリングが安定したフレームを求める方もいるでしょう。だから、自分がどのようなところで、どのような乗り方をするかを考えて選べばよいでしょう。

機材は、好きなものを使うのが一番です。自転車に乗るときは、いつも楽しい気持ちで走るべきですから。

好きな自転車に乗る

サイクルロードレースは機材スポーツでもあり、機材は独立したひとつの趣味でもある。好きな自転車に乗ろう

キーワード フレーム素材

現在はカーボンが主流だが、1990年代初頭まではクロモリのパイプによるオーダーフレームが主流だった。オーダーフレームでは、パイプの種類や組み合わせかたにより乗り味に差がついた。

CHAPTER 4

5 パーツは「バランス」で選ぶ

単体で考えない

そもそも、**フレームにしても、ホイールにしても、単体で考えても意味はないのではないでしょうか。**パーツは他のパーツと組み合わせて使うものですから、重要なのはどういうパーツと組み合わせるのか、つまりバランスです。

新しいフレームを探すときには、自分はどういうホイールを持っているかを頭の片隅に置いてください。たとえば、柔らかめのホイールに高剛性のフレームを組み合わせると、腰砕けに感じることが多くあります。

逆に、ライトウェイトやカンパニョーロなど、硬いホイールは比較的フレームを選ばないようです。

もっとも、あまりに硬いフレームに組み合わせると疲れやすいですし、ペダリングを考えると硬いホイールにはまた別の問題があるのですが、それはＰ１１８でお伝えします。

マヴィックのアルチメイトやＺＩＰＰのホイールには、硬さとしなやかさの両方があります。

ただし「硬い」「柔らかい」といってもいろいろな段階がありますから、実際にその機材を使った経験がある人に聞いてみるのがいいでしょう。パーツ同士の組み合わせに関しても、自分の好みを把握したうえで、実際にその組み合わせを試した人に聞いてみてください。

セカンドグレードがよい場合も

ひとつ言えるのは、今のカーボンフレーム

本質　パーツは組み合わせるもの

→ パーツの良しあしには、組み合わせるパーツとのバランスが大きく影響する

→ 今のフレームは全体として硬め

は全体として剛性が高めだということです。硬めを嫌う人は、セカンドグレードやサードグレードを検討してもいいでしょう。

パーツは単体で考えてはいけません。

その意味では、ポジションと同様に、どういうパーツの組み合わせが、どういう走りにつながるのか、イメージを持って選びましょう。

なお、自分にとって使いやすいホイールを1つ、基準として持っているとよいと思います。どんな自転車も、そのホイールで評価するのです。ワインもそうですが、テイスティングするグラスを変えていては何を基準に決めていいかわかりませんよね。したがって、レース用ホイールなどを基準にすることをお勧めします。

フレームとホイールはセットで考える

ホイールも、フレームとの相性が重要だ。写真では、硬くて軽量なライトウェイトのホイールを履いている

キーワード ▶ 剛性

剛性が高ければ力を逃さないため、試乗会などで短距離を乗る人には高剛性が好まれる、しかし高剛性のフレームやパーツは乗り手を疲れやすくする欠点があるので、実際乗ることを考えるとベストとはいえない。

6 プロ選手は機材を選ばない

●ＺＯＮＤＡで勝った台湾

そもそもですが、**プロ選手にとって機材はさほど重要ではありません。**というのも、プロ選手は機材を選べないからです。与えられた機材で勝つのがプロです。

現役時代に、ツール・ド・台湾の上りスプリントゴールでＺＯＮＤＡというホイールを使って勝ったことがあります。今のＺＯＮＤＡはずいぶんと軽くなりましたが、通販ならば4万円程度で買うこともできる、いわゆる練習用ホイールです。

なぜＺＯＮＤＡを履いていたのか気にする方も多いと思います。しかし、理由は特にありません。チームから渡されたのが、たまたまＺＯＮＤＡだったというだけです。ＺＯＮＤＡも十分いいホイールだと思います。

趣味としての楽しみならばともかく、「レースで勝つ」上で機材は、それほどこだわらなくてもよいと思います。勝つ選手は勝ちますし、勝てない選手は勝てません。パワーメーターなど強くなる為の機材に投資したほうが良いでしょう。

就職先を選ぶときに、企業名や安定にこだわる人は優秀でしょうか？　成長できる人ならば、どこでも結果を残すでしょうし、より自分に合った楽しい仕事が見つかるでしょう。

私は今でも、現役時代のＭＡＶＩＣのホイールを10年以上使っています。丈夫なので、気に入っています……そう、ひとつだけはっきりした基準がありました。**壊れないパーツはいいパーツです。**あとは、さほど重要な問題ではありません。

本質　レースは機材では決まらない

→ プロ選手はパーツを選べない

→ 勝負としてのレースに機材が与える影響はごくわずか

機材選びは重要ではない

与えられた機材で走るプロ選手にとって、機材選択の自由度は高くない

キーワード ZONDA

カンパニョーロのエントリーグレードのアルミホイール。安価なので、プロでも練習に使う選手は少なくない。

CHAPTER 4

7 練習用ホイールは柔らかいものを

進みづらいから勉強になる

レース機材としての良しあしではありませんが、練習用のホイールには柔らかいものをお勧めします。なぜなら、進ませるのが難しく、練習で「進むポイント」を探すのにはもってこいだからです。

剛性が高い、硬いホイールは、乱れたペダリングでも進みます。しかしスムーズなペダリングをしなければ疲れやすく、練習には向きません。

柔らかいホイールは硬いホイールよりも疲れにくい場合も多いのですが、綺麗に脚を回さなければ進みません。トルクをかけるべきところで踏まなければ、タイミングがずれて力が逃げてしまうのです。

はじめは「進まないホイールだな」と感じるでしょう。柔らかいホイールは力を入れるべきポイントがデリケートなので、優しく押してあげるようにペダルに力を伝えます。

しかし乗り込んでいれば、やがて柔らかいホイールでも進められるようになります。それは、1~2章でお伝えした「骨で押す」綺麗なペダリングを習得できたということです。

その状態で硬いホイールにすれば、驚くほど進むでしょう。**柔らかいホイールでベースを作って、本番のレースでは硬いホイールにすればいいのです。**

普段から硬い、進むホイールに慣れてしまうと、ペダリングに問題があったとしても気づかない恐れがあります。ですから、練習用には柔らかいホイールを1セット用意することをお勧めします。

本質 柔らかいホイールでペダリングを学ぶ

→ 柔らかいホイールはペダリングが綺麗でなければ進まない

→ 練習用に柔らかいホイールを用意してペダリング技術を向上させる

練習用ホイールには柔らかいものを！

トレーニングでは、レースで使うものとは別のホイールを用意する選手が多い

高剛性のホイール

乱れたペダリングでも進むが、スムーズなペダリングでなければ疲れやすい。練習には不向き。

やわらか目のホイール

疲れにくい傾向はあるが、乱れたペダリングでは進まない。トルクを掛けるべきところでかけなければ力が逃げる。したがってペダリングを習得しやすく、練習向き。

キーワード　効率

本番であるレース用とは別に練習用のホイールを準備する選手は多い。多くの場合は、頑丈で安価なアルミホイールが多いが、そのようなホイールは柔らいものも多い。

CHAPTER 4

8 高いサドルポジションの問題点

● 走れるようになったと錯覚するが……

P54で述べたように、サドルは低くして、また、サドル位置を下げることをお勧めします。

ホビーレーサーのかなりの方は、サドルが高すぎます。 高いサドルポジションは一瞬、パワーが出るようになったような錯覚を生むのですが、脚に負担を掛けているため、長続きしません。

しかし最大の欠点は、2章で何度も述べたように、脚上げ動作を習得できないことです。

サドル位置を上げればお尻の位置が高くなりますから、**腸腰筋を使って脚を上げなくても上死点の通過が楽になり、走れているような錯覚に陥ります。** 脚が上がらない方への、応急処置的なポジションに過ぎないともいえるでしょう。

しかし、2章の復習になりますが、**脚を上げられないということは、腸腰筋という、使えればとても楽に走れる大事な筋肉をあえて使わない走りをするということです。** とてももったいない話です。

腿上げの動作を最初から習得しているサイクリストはいません。しかし、腿上げはペダリングには欠かせない動きの一つです。そのため多くのサイクリストはサドルを上げて問題を解決しようとするのだと思いますが、実は解決になっていないのです。

現状からサドルを1～2㎝程度下げ、レールの後ろのほうまで引いてください。そして脚を上げられるペダリングが身につけてください。きちんと脚を回せるようになったら、少しづつサドルを上げてください。

本質 脚上げ動作を習得できない

→ サドルが高いと、大腿直筋をつかってしまい長続きしない

→ はじめはパワーを出しやすいような錯覚を覚えるが、長続きしない

タイムトライアル

10km～ 40km程度の短距離を全力で走り、タイムを競うタイムトライアルでは、高く、前に出したサドルポジションが多い

キーワード 高いサドルポジション

短い距離を全力で駆け抜ける「タイムトライアル」では、サドルを上げ、前に出すポジションが多い。短時間だけパワーを出すには向いたポジションだ

CHAPTER 4

9 落差をつけすぎない

ハンドルに乗らずに体幹で支える

サドルとハンドルとの落差は、あまりつけないほうがいいでしょう。落差が大きいロードバイクは見栄えがよいため憧れるかたも多いかとは思いますが、リスクも大きいポジションです。

落差をつけすぎると、ハンドルに体重がかかり、不安定になってしまいます。ハンドルに寄りかかるように走っているホビーレーサーをしばしば見かけますが、不安定になり、またお尻がサドルの前方に移動してしまい、体重ではなく脚の力だけに頼ったペダリングになります。

深い前傾姿勢を取りたい、などの理由で落差をつけたい方は、まず体幹でバイクを押さえる力を身につけてください。体幹を鍛えれば、落差が大きくても、ハンドルに寄りかからずに体を支えることができます。

徐々にハンドルを下げる

現役時代の私は、シーズン中に徐々にハンドル位置を下げていました。シーズンに入ってすぐは体幹がまだ弱く、バイクがちゃんと押さえられないためです。

体幹が弱い時期に、無理にポジションを低くしても、体を使えるようにはなりません。きちんと自転車を前に進められるようになってから、徐々にサドルを下げてください。

ポジションの変化とは、速く走るための何かを獲得したということです。はじめから「理想のポジション」を追い求めてはいけません。

本質　ハンドルによりかからない

→ 落差をつけすぎるとハンドルに寄りかかってしまう

→ 体幹に力をつけることと並行して、徐々にハンドルを下げる

サドルとハンドルに落差をつけすぎない

落差とは通常、サドルとハンドル間の落差を指す。落差が大きければ、前傾姿勢が深くなる傾向があるが、ハンドルに体重が乗りがち

キーワード ▶ 落差

サドル－ハンドル間の落差のこと。サドルが高く、ハンドルが低いほど落差は大きくなる。落差が大きいと深い前傾姿勢をとりやすい。

CHAPTER 4

10 ハブとハンドルの位置関係は？

長いステムのメリットとデメリット

私は現役時代、長めのステムを使っていた時期があります。もっとも長い時で、130㎜です。ステムを長くしたのは、スプリントやペースアップの際に、背筋と重心の前後移動でパワーを出すためです。

綱引きの際に、手元の綱よりも、遠くの綱を握ったほうがパワーを出しやすいことを思い出してください。握る場所が遠いほうが、背筋力を使いやすいのです。よって、ごく短時間パワーを出すためならば、長いステムの効果はあります。

しかし、一般の方には長いステムは勧めません。ハンドルを握ったり、肩が力んでバイクのコントロール性が落ちるからです。あまり長いステムは慣れないと扱いきれないでしょう。そのため、よほどスプリントを重視する方以外は、常識的なステム長を選ぶことを進めます。

とはいえ、常識的なステム長といっても、フレームの作りや個人の腕の長さにはかなりの差がありますから、「フレームサイズ○○ならステムは××㎝」とお伝えするわけにはいきません。

そこで、昔はよく行われていたステム長のチェック方法をお伝えします。

サドルに腰かけ、ペダリングの姿勢をとり、ハンドルと、フロントホイールのハブとの位置関係を確認するのです。この2つが重なるか、ハンドルの少し前にハブが見えれば、ステム長は標準的です。この方法で基準となるステム長を見つけ、乗り方に応じて長く、あるいは短いものに交換してみてください。

本質 ステム長の基準とは

→ バイクにまたがり、ハンドルとフロントホイールのハブが重なる長さが基準

→ 長いと短時間のパワーを出しやすくなるが、コントロール性は落ちる

ハブとハンドルの位置関係

バイクに乗ってハンドルを見たとき、フロントホイールの前に位置するか、後ろに位置するかを確認する

キーワード　ステム

ハンドルとフロントフォークのコラムをつなぐパーツ。長さが違うものに交換することで、ハンドルを遠くすることも近づけることも可能。80㎜前後～130㎜前後まで用意されている場合が多い。

CHAPTER 4

11 ハンドル幅の選び方

ダンシング重視なら広め

ステムとも関連するハンドルですが、ハンドル幅も実にいろいろな幅を試しました。一番狭いときは380㎜、広い時は460㎜まで使ったことがあります。

私は広めが好みでした。**私は上りでダンシングを多用したため、ハンドルを振りやすい広いハンドルのほうが合ったのです。**

また、ハンドルは近いほうが体が立ち、高い位置からペダルを踏めるダンシングはしやすくなりますので、ダンシングのしやすさを追求するならば、ステムを短くする手もあります。

ハンドル幅と剛性

逆に狭いハンドル幅にしたときは、スプリントへの対応力向上が狙いでした。

スプリント中、ハンドルを∞（無限大）の8の字を描くように動かします。ハンドルは幅が狭いほど剛性が高いので、大きな力を発揮するスプリントでは、ねじれ剛性が高く幅が狭いハンドルのメリットが際立ちます。

ホビーレーサーのスプリントでは肩に力が入っているのを良く目にします。肩に力が入ると「ハンドルとの力比べ」になってしまいますので注意してください。

私は狭いハンドルはあまり好みに合いませんでした。スプリントのときのメリットはありますが、振りにくいので、通常走行や山では扱い辛かったためです。

ハンドルに限らず、「よいパーツ」は自分がどういう状況を想定するかで変わってきます。

本質　ダンシングなら広め、スプリントなら狭いものを

→ 幅が広いと横に振りやすいため、ダンシングがしやすくなる

→ 逆に幅が狭いと剛性が増し、スプリントはし易くなるが疲れやすいデメリットも

ダンシングとハンドル幅

ハンドル幅が広いほうが、ダンシングの際にハンドルを振りやすいが、ハンドルの剛性は落ちる

キーワード ハンドル幅（「C-C」とは？）

C－C（芯一芯）で380㎜前後から440㎜前後が一般的。肩幅に合わせるのが教科書的な選びかただが、広いものや狭いものをあえて選ぶのも面白いだろう

12 シューズと親指

● 親指が引っかかるか？

現役時代は、実にさまざまなペダルを使ってきました。よいものも、そうでないものもありましたが、私の場合、**ペダルに関しては「親指が引っかかるか」を重視していました。**

あるときシーズンが終わってからシューズの中のインソールを見ると、足の親指が当たる部分が剥がれているのを見つけました。無意識のうちにシューズの中で、ペダルを包み込むように親指を曲げていたということです。

その時期は、クリートとシューズの接触面積が広いシマノのペダルを使っていたのですが、よく走れており、使いやすかった記憶があります。

「親指がかかる」かどうかは、シューズの底とペダルの接地面の広さと関係があるようです。接地面が小さいペダルに変えてからは、親指部分が剥げなくなったためです。

このように、皆さんも**ご自分自身の指標**をぜひ見つけてください。

● ペダルの剛性

ペダルにも剛性があります。剛性が低いと、壊れがちです。レース中に壊れてしまうと、レースが台無しになってしまうため、定期的にチェックしてください。

ペダルの重量だけでなく、剛性にも目を配ってメンテナンスしてみてください。

本質 インソールをチェックしてみる

→ インソールの前部分が剥げていたら、シューズ内で指をたぐり寄せるようにしている

→ ペダルの剛性も意識してメンテナンスする

シューズ内の足

外から見ることはできないが、ペダリング中に、シューズ内の足の指も動いている場合がある

キーワード インソール

シューズの中敷き。各社形状に工夫をこらしているが、加熱することで足の形に合わせられる、熱成型タイプも多い

CHAPTER 4

13 ウェアと小物

寒さに弱い日本人

ヨーロッパを走って感じたことは、**アジア人は体温が低く寒さに弱いということです。**だから、ヨーロッパ人選手の真似をする必要はありません。夏はともかく、それ以外のシーズンでは、いかに動きやすい薄着で温かさを確保するかを考えなければいけません。

パーツの重量を気にする方は多いですが、ウェアの重さには意外と無頓着な選手もいるようです。なるべく薄着で動きやすく、また皮膚とウェアとの間に空気の層ができない、体にフィットしたウェアをお勧めします。ウィンドブレーカーは風でバタつくとホイールと絡む危険性もあるのでその意味でもフィットするものを選ぶことは重要です。

なお、寒さへの耐性にはかなり個人差がありますから、自身の傾向をよく把握しておくことも重要です。

とくにレーパンの選びかたは簡単ではありません。パッドが厚ければ痛みが軽減するとは限らず、薄くていいものもあります。見た目だけでは判断できないでしょう。

アイウェアは、蒸れないものを選んでください。目の周りに汗をかくと、走行中に目に汗が入ってしまいます。

レンズは、ウェアと同様に、ヨーロッパと日本の気候の違いを考慮して選びましょう。**日本の日光はヨーロッパよりもずっと弱く、「柔らかい」のが特徴です。**私はヨーロッパでは暗めのレンズを使うことも多かったのですが、日本では色の薄いレンズや明るいレンズをよく使い、視界の広さも重視しました。

本質　ヨーロッパとの違いに注意

→ 日本人はヨーロッパ人選手よりは寒さに弱い傾向がある

→ 日本の日光はヨーロッパよりも弱いため、レンズ選びにも注意

日本の天候とレンズ

日光が柔らかい日本では、強いスモークレンズが必要になるケースは多くはない

キーワード　ウェア類

気温の低下や突然の雨に対応できるよう、バックポケットに収納できるウェア類が発売されている。バタつきを嫌い、袖を切り落とす選手もいる。

CHAPTER 4

14 安定感が必要なタイヤ

25cの安定感

タイヤは現在、少し前まで主流だった23cに変わり、25cが増えています。私が所属していたサクソバングでも、ほぼ全員が25cのタイヤを使っていました。

私も25cを好んでいますし、読者のみなさんにも25cをお勧めします。**25cのデメリットはわずかな重量増くらいですが、メリットは多くあるためです。**

25cのタイヤの強みは、ひとことで表現すれば、安定感です。

安心して走れることの意味は、非常に大きいのではないでしょうか。昔、19cや20cといった細いタイヤを使っていたときはコーナーが不安でしたが、そういうことはありません。不安感があると、速く走ることはできません。**レーサーとして速さを求めるためにも、安定感は重要な要素なのです。**

空気圧が同じならば、タイヤが太いほうが転がり抵抗も低いことが知られています。ということは、同じ転がり抵抗ならば、タイヤが太いほうが空気圧を下げられますから、振動吸収性がよいということです。もちろんグリップもよいでしょう。

このようなメリットが広く知られるようになったから、世界的に25cが主流になったのでしょう。

空気圧は、日本では7・2〜7・3気圧程度でした（体重59kg）。ヨーロッパでは6・8気圧程度まで下げることが多かったのですが、路面状態がよい日本では、空気圧は高めでも問題はありません。

本質 25c タイヤのメリット

→ タイヤが太いとわずかに重量が増すが、安定感は大きくなる

→ ヨーロッパでも太めの 25c タイヤが主流になっている

25c のタイヤ

25c は 23c よりもエアボリュームが大きく、安定感に寄与している。フレームとのクリアランスも、ほとんどのフレームならば確保できる

キーワード ▶ 25c

タイヤ幅が 25㎜のものは、25c と表記される。少し前までは 23㎜幅の 23c が主流だったが、現在は 25c がとって代わった。

column
5

生体肝移植からの復活

手術の翌年、私はチームをNIPPOからブリヂストンアンカーに変えていました。特に意味はなく、環境を変えたかっただけです。

手術のダメージには、やはり大きいものがありました。手術前のレベルに戻るまでに、3、4年はかかった印象があります。

その間、チームはブリヂストンアンカーから、エキップアサダへと移ります。もっとも、選手のかなりはブリヂストンアンカーから移ったのですが。

私が、本書で述べたような「骨で押す」フォームやポジションを考え始めたのはこの時期です。そういうことができたのは、チームに、お互いに高めあう雰囲気を作り上げることができたからだと思います。

チーム内ではよく、ポジションの話もしていました。「骨で押す」イメージは、当時のエキップアサダでは広く共有されていたと思います。もちろん、具体的に求めるものや体型は選手が一人ひとり違いますから、最終的なフォームやポジションは違いますが、イメージは存在していました。

強くなるためには、独りよりも大勢の仲間がいたほうがいいのでしょう。チームにおいては、自分個人がやりたいことは、実は重要ではないのです。互いに高めあうべきです。

5章

体を使いこなすメニュー

contents

CHAPTER 5

1 感覚を重視する

● 数字よりも感覚を重視する

ここからはいよいよ、具体的なトレーニングメニューの話になります。が、その前に大切なことをお伝えします。

今までお伝えしてきたフォームやポジションと根本的には同じことですが、メニューを行う最中には常に感覚を研ぎ澄ませて、自分の体に意識を集中するようにしてください。

頭で考えすぎてはいけません。

考えすぎると、パワーにせよ、ポジションやフォームにせよ、しばしば数字や理屈が顔を出します。数字を重視することは悪いことではありませんが、そういったものにとらわれてしまって、肝心の体を忘れてしまっては台無しです。

なぜなら、人間の体の本質は数字や理屈よりもはるかに複雑な存在だからです。数字や理屈は、本質を表現するために便宜上使っているにすぎません。

たとえば、ペダリングについて、時計の1時の位置にペダルが来たタイミングで踏みはじめることが大切だと書きました（↓P66）。それはその通りなのですが、この「1時ぴったり」という数字ばかりにこだわっては意味がありません。**私がお伝えしたかった本質は「1時ぴったり」という数字ではなく、ペダリングの無駄を減らすことだからです。**

したがって、この本質さえとらえられていれば、ペダルを踏み始めるのは1時5分でも、0時55分でも問題ないのです。

「頭でっかち」にならないでください。大切なのは感覚であり、体の使い方です。

本質　体に意識を集中する

→ 考えすぎると、体への意識が弱まってしまう

→ 数値や理屈よりも、その後ろにある本質を意識する

● 流行りのダイエット本ではない

書店に行くと、ダイエット本がたくさん出ています。○○ダイエットとか、××で痩せる！　などです。魔法のダイエット法があり、それを試すとみるみるうちに痩せる、ということのようです。でも、そんなものが本当にあるのでしょうか。

トレーニングに対しても、ダイエット本のような効果を期待する方がいます。魔法のトレーニング、「パーフェクトポジション」「秘密のメニュー」があって、それを行えばどんどん強くなる……。

そんな変な話はありません。ダイエットも、トレーニングも、体型も、生活も、狙いも人それぞれ違う中で、万人にパーフェクトな答えなどあるはずがありません。体の中で何が起こっているかを考え続けることが要求されるのです。

数値にとらわれない

パワーやケイデンスなどの数値は重要だが、最も重視すべきは体の動きだ

キーワード ▶ 数字

科学的トレーニングの浸透に従って、数字が重視されるようになってきた。心拍数やパワーがそれに相当する。いずれも、パフォーマンスの指標として使われている。

CHAPTER 5

2 メトロノームに合わせる

●「感覚を重視する」イメージ

感覚を重視する、といってもなかなか理解は難しいと思います。ひとつのイメージとなるメニューをご紹介します。

トレーニングにまつわる数字の一つにケイデンスがあります。ほとんどのサイクルコンピューターはケイデンスの計測が可能でしょう。ありふれた機能です。

この、ケイデンスという数字を、数字としてとらえるのではなく、感覚でとらえる方法があります。

メトロノームを用意してください。ピアノの練習に使う、規則正しい音を出し続けるあのメトロノームです。急にそういわれても難しい方が大半だと思いますので、スマートフォン用のメトロノームのアプリを使うといいかもしれません。そして、サイクルコンピューターに表示される数字ではなく、メトロノームの「音」に合わせてペダリングをしてみてください。

数字を見てしまうと、どうしても考えてしまいます。「今は88回転だ、おっと、91回転に上がった……」。数字を見ながらでもペダリングに集中できる方なら、それもいいでしょう。でも、そういう方は少ないと思います。

そこで、メトロノームの発する規則的な音に合わせてペダリングをすると、頭で考えることなく、「音」という刺激を感覚的に追うことができます。すると、体の動きに集中できるはずです。

メトロノームがない方は、規則的な音を発するものならなんでもOKです。一度試してみてください。

本質　感覚に従い、体の動きに集中する

→ 数字ではなく、音などの刺激を指標にしてみる

→ メトロノームの音など、刺激に合わせてペダリングをしてみる

音という感覚でペダリングする

ケイデンスを目で見て理解するのではなく、音という刺激で、感覚的にとらえる

キーワード サイクルコンピューター

スピードや走行距離の表示が基本機能だが、それだけではなく、ケイデンスや心拍計、パワーなど多くの指標を表示する、多機能モデルも多く出現している。

CHAPTER 5

3 パワーメーターは楽しい

パワーのために走らない

今、もっともホビーレーサーが重視している数字が、パワーでしょう。

しかしパワーも結局は数字にすぎません。パワーもいいですが、パワーを追うことよりも、体がちゃんと動いているかどうかが大切です。

しかし私は、黎明期からパワーメーターを使ってきました。パワーメーターを使いながらも、その数字を追わないとはどういうことでしょうか？

それは、一言でいえば、「パワーを目的にしない」ということです。メニューの間に、何W出ているかを確認することはありますし、それも大事でしょう。

でも、パワーメーターとにらめっこをしながら走っても意味はないのです。体がきちんと動いているか。その感覚を大切にしてください。

楽に、速く走るためにはパワーは目的ではありません。パワーは手段です。パワーのために走っては速くなれません。

パワーメーターを楽しむ

感覚を重視するという観点では、パワーメーターを楽しみの道具として受け取ることも大事です。

パワーメーターとは、ゲーム機のようなものです。

たとえば、こんな楽しみ方はどうでしょうか。

パワーメーターを見ずにだんだんとペース

本質　パワーを追わない

→ パワーを目的としてメニューを行わない

→ パワーメーターは楽しみための道具でもある

を上げていき、「今、××wくらいかな?」と思ったら、ぱっとパワーメーターを見ます。当たっていればうれしいですよね。

あるいはもっと単純に、いつも走っている区間で、平均パワーを少しでも更新できたら、うれしいですよね。

さらに細かく楽しむならば、持久力が得意なクライマー系の選手は目標パワーをキープしながら、最後に少し上げるように。一方短時間のパワーが必要なスプリンターは、時間をかけて目標パワーに入れる、などと多様なトレーニングができます。

そして、トレーニングは楽しく、うれしいほうがいいにきまっていますよね。

「楽しい」。

それも、とても大切な感覚です。

トレーニングは辛くなりがちです。モチベーションを維持しなければなりません。そのためには「楽しい」という感覚が必要なのです。

パワーメーターで遊ぶ

パワーメーターを楽しみの道具として受けとることで、トレーニングに楽しみが生まれる

キーワード パワーを隠す選手

レース中に、パワーメーターのパワー表示部分にテープを張るなどして、パワーが見えないようにする選手もいる。パワーよりも感覚を重視するためだ。

CHAPTER 5

4 トレーニングの2つの意味

パワーと体

パワーメーターを使ったトレーニングには、大きく分けて2つの狙いがあります。この2つを混同しないでください。

ひとつは、パワーを出すこと。パワーは目的ではないとお伝えしましたが、パワーメーターを使っているのですから、パワーを無視する理由もありません。

また、パワーが大きくて困ることはまったくありませんから、パワーを出せるようになることは、もちろん、大きな進歩です。

しかし、より重要なのは、ちゃんと体を使いこなすことです。本書で繰り返してきたように、無駄をなくして効率よく、速く走ることが大切です。

目的は速く走ること

パワーと体の使い方、どちらか一方ではいけません。どちらも、「速く、効率よく走る」という目的のための手段にすぎないからです。

速く走るためには、パワーは大きいほうがいいに決まっていますし、体を効率よく使えたほうがいいでしょう。

ですから、**メニューを行う際にも、パワーと体の使い方、両方を意識してください。**パワーとは、いい感覚で走れた時に結果として付いてくるものです。パワーを確認するのはトレーニングのメニュー後で良いでしょう。

慣れれば、今自分が何Wで走っているかは、感覚でわかるようになりますからね。

本質 パワーとフォーム

→ メニューでは、パワーとフォームの両方を意識する

→ 一方に意識が偏らないように注意する

フォームとパワーで速く走る

メニューの最中には、フォームとパワーの２つを意識する。そしてその両者とも、「速く走る」という目的の手段である

パワー

心配能力や筋力の指標となる。フォームの水準が同じならば、パワーが大きいほど速い。

＋

フォーム

パワーを効率よく、自転車を進める力に変える能力。パワーが同じならば、フォームが洗練されているほうが速い。

＝

速く、効率のいい走り

キーワード　パワーメーターとトレーニング

日本では、パワーメーターを使ったトレーニングを「パワートレーニング」と呼ぶことも多いが、パワートレーニングには筋肉に負荷をかけるトレーニングという意味もあるため注意が必要だ。

CHAPTER 5

5 パワーは「出す」ものではない

いくつかの指標

パワーは大きければいいのでしょうか？そうではありません。

パワーはたしかに、もっとも正確で、客観的にパフォーマンスを表す指標です。

しかし、たとえばヒルクライムでは、タイムこそが成績です。

「富士あざみラインを××分で上ったよ」という人はいても、「富士あざみラインを平均○○Wで上ったよ」と自慢する人はあまりいません。結局、もっとも短いタイムで上った選手が優勝するからです。

本書で一貫していっているように、レースはパワー選手権ではないのです。速く走ることが重要なのです。ということは、パワーばかりを見ていてはいけないということでもあります。

パワーを見た上で、それまでの自分の記録よりも速く上れた！とか、いつもと同じ練習時間で、より長い距離を走れた！などと自分の進歩を探すことが正解です。

P18の例えを思い出してください。パワーは電力と同じです。使える電力が大きいに越したことはありませんが、無駄がないほうがスマートなのです。

パワーは「出す」ものではないと、ずっと思ってきました。なるべく使用を控え、消費を必要最小限に抑えるものです。それが勝利への近道です。もちろんそれが、消極的なレースをすれば良いという意味ではない事は、みなさんわかりますよね。勝利のためです。

本質　使うパワーは小さいほどいい

→ **パワーはパフォーマンスの指標だが、成績ではない**

→ **パワーは出すものではなく、最小限に抑えなければならない**

ヒルクライム

タイムを実力の指標にしやすいヒルクライムは、トレーニングとしても有効だ

キーワード ヒルクライムのタイム

ヒルクライムのタイムは、乗り手のパワーと体重、自転車の重量などからほぼ正確に算出できるとも言われるが、途中での体の使い方やペース配分など、「効率」の要素も大きい。

CHAPTER 5

6 ローラー台という選択肢

● ローラー台の強みとは？

メニューの紹介になる前に、まだお伝えしなければいけないことがあります。それは、ローラー台です。

時間がないホビーレーサーにとっては、屋内で手軽にトレーニングができるローラー台の恩恵は大きいはずですし、多くの方がローラー台を使っているはずです。

しかし、ローラー台と実走では感覚が違います。**そのことをもって、ローラー台を単に実走トレーニングができないときの代替手段としてしかとらえていない方もいますが、もったいないと思います。**

私は現役時代、日本（東京）にいるときは2日間ローラー台での練習、1日は実走でのロングライド、というローラー台中心のトレーニングパターンを繰り返していました。

ローラー台でのトレーニングを中心にした理由は単純で、強度を上げたメニューを行える山でのトレーニングは、現地までの移動に時間がかかるからです。片道何時間もかけても、単に移動するだけならば、無駄です。室内のほうが効率的です。

ただし、実際のレースはもちろん外での実走ですから、外を走ることに体を慣れさせることも必要です。したがって、実走でのトレーニングも、3日に1回行っていました。

ローラー台でのトレーニングは、1回2時間半～3時間程度です。ごく普通に、後ほどご紹介するメニューを行っていました。

トレーニングの目的意識さえしっかりすれば、ローラー台でのトレーニングを中心にしてもよいのです。天候は関係ありません。

本質　ローラー台を有効に使う

→ メニューを行うだけならば、ローラー台を中心にしてもよい

→ 実走とは感覚が異なるから、外でのトレーニングも合わせて行う

固定ローラー台は室内トレーニングに向く

後輪を固定する固定ローラー台は静粛性も高く、屋内でのトレーニングに向いている

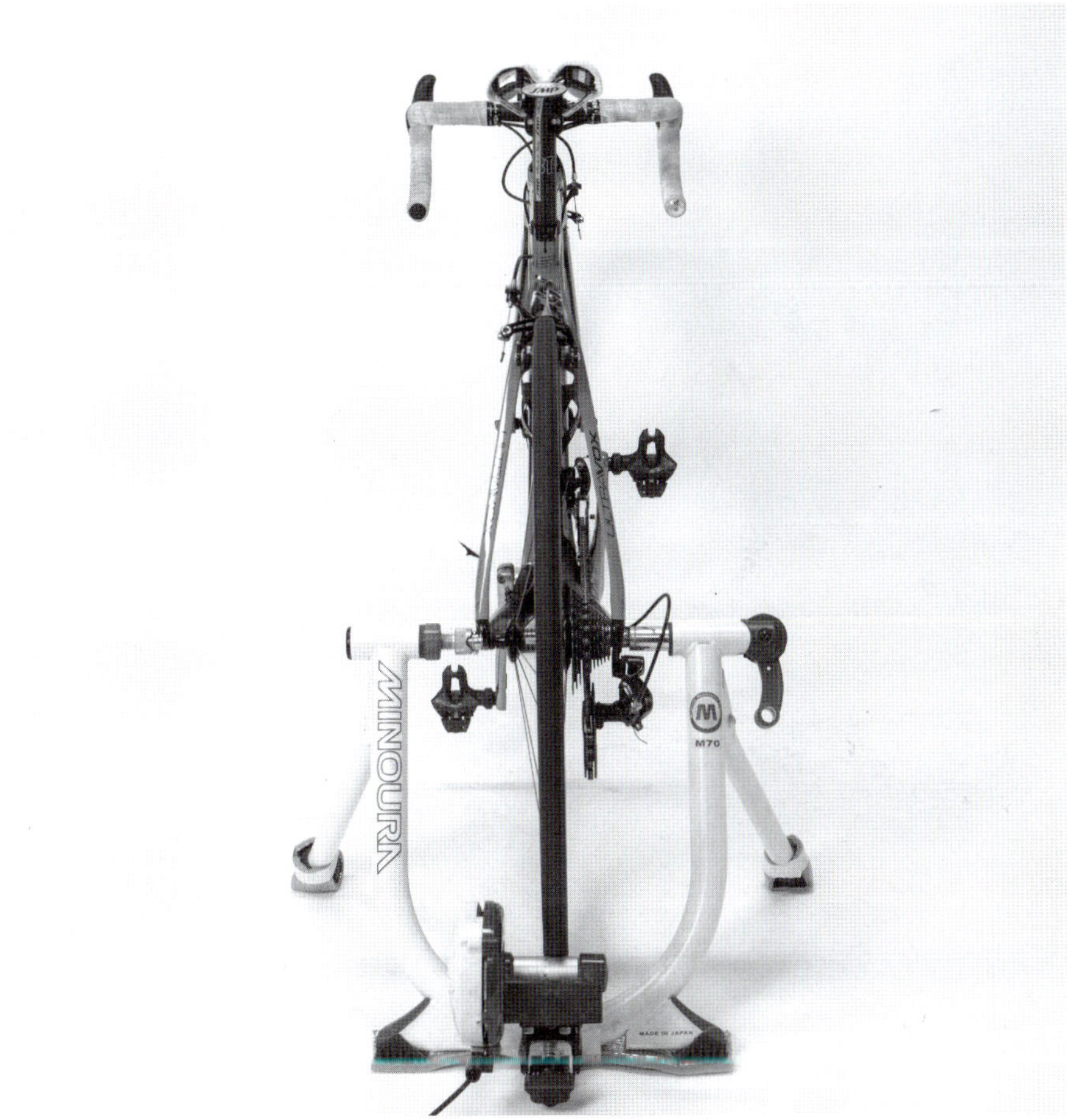

キーワード ローラー台

ホイールをローラーの上に乗せ、屋内でのトレーニングを可能にした機材。後輪を固定する固定ローラー台と、３本のローラーの上で走行する３本ローラー台とがあるが、固定ローラー台のほうが静粛性は高い。

CHAPTER 5

7 ローラー台でペーサーをする

パワーに集中できる

ローラー台でのトレーニングでは、風や勾配、道路状況といった「ノイズ」を除去できます。実際のレースではこういったノイズとも戦わなければならないため、このことにはよい面も悪い面もありますが、よい面、つまりローラー台でのトレーニングのメリットについてお伝えします。

ノイズを除去できると、体の動きとパワーだけに集中できます。風向きも、気温も、路面状況も常に一定ですから、ひたすら同じ負荷を加え続けられます。これは、実走にはないメリットです。

忘れてはいけませんが、目標はあくまでレースであり、レースは実走です。

そのための手段として、特定の負荷を集中的に体に加えたいとき、ローラー台は有効なのです。

ローラーの心地よさ

もう一つ付け加えたいのは、ローラー台の、独特の「心地よさ」です。

ローラー台は負荷を調整できますが、私は低い負荷で、ギアを重くして走ることが多かったです。

負荷が低いと、実走ではまず使わないような重いギアでも、それほど負担なく走ることができるためです。これが、独特の効果を生みます。

同じ３００ｗでも、インナーローでの３００ｗと、アウタートップでの３００ｗでは使う筋肉が異なるはずです。おそらくその

本質　ローラー台ならノイズを除去できる

→ ローラー台でのトレーニングなら、風や路面状況といったノイズに左右されない

→ 負荷を下げると、実走では難しい重いギアでも走り続けられる

ことによるのでしょうが、ヨーロッパで行っていた「バイクペーサー」のような、不思議な心地よさがありました。モーターバイクに先導してもらい、そのスリップストリームを利用して速度を上げるバイクペーサーには、高いスピードに順応する意味があります。しかし言うまでもなく、国内では行ってはなりません。

そのバイクペーサーに似た効果が得られるのが、ローラー台での、低負荷・重いギアでのトレーニングです。ぜひ一度、負荷を一番低い状態にして試してみてください。

スリップストリーム

他の選手のスリップストリームに入ると、少ないパワーで走ることができる

キーワード　バイクペーサー

バイクに先導させ、高速で走行するトレーニング。バイクのスリップストリームに入るため、単独よりも低い負荷でスピードが出せる。ただし、危険であるので国内で行ってはいけない。

CHAPTER 5

8 ローラー台で「体を入れる」

●「体が入る」

少しローラー台から離れますが、私はよく、綺麗なフォームで走れている選手を「体が入っている」と表現します。

「体が入る」とは効率の良い、無駄のないフォームで、高い負荷にも耐えられている状態のことです。ペダリングに関しては、1章でお伝えした「骨で踏めている」状態でもあります。

レースの状況が厳しくなればなるほど、「体が入っている」かどうかは重要です。パワーを活かしきることができるためです。

そして、屋内でのローラー台は実走よりも「体を入れやすい」のです。それは、P146で述べたような、風や路面の変化といったノイズが少ないからだと思います。走行条件が全く変わらないため、一度「体が入る」と、ずっとそのまま走り続けられます。

しかし実走では、勾配が変わったり、信号が現れたりと、走行条件はしばしば変わりますから、「体が入った」状況をずっとキープすることは困難です。その点では、ローラーのほうが優れているのです。

「体が入った」状態に別の表現を与えると、我慢しやすいフォームということになります。プロのヒルクライマー、特にシッティングで上るタイプの選手は、ずっと同じフォームで上ります。それが、その選手にとってパワーを出し続けられるフォームだからです。

それが「体が入っている」ということであり、その状態でメニューを行うことは非常に大切なのです。

本質 「体が入った」状態を作り出す

→ 高い負荷に継続して耐えられる状態を「体が入っている」という

→ 外部条件の影響を受けにくいローラー台ならば「体が入った」状態を作りやすい

ヒルクライマーのフォーム

ダンシングを多用する選手もいるが、ひたすらシッティングで耐えるように上る選手も多い。写真はクリス・フルーム(イギリス)

キーワード ヒルクライマー

レースで勝負所になる可能性が高い上りを、高い強度で走り続けるのがヒルクライマーだ。上りに勝負をかける選手は多いから、高強度に耐え続けなければならない。

CHAPTER 5

9 ローラー台のトレーニングのポイント

集中できる

ローラー台には、よくも悪くも逃げ道がありません。

固定ローラー台ならば、ダンシングもほぼ不可能ですから、苦しくなったからといってダンシングに逃げることができません。それも、「体を入れ」やすい（→P150）ことの理由のひとつでしょう。

また、風景は変わりませんし、自動車も来ませんから、気が散ることもありません。自分の体とパワーだけに集中できます。

耳を澄ます

さらに、P138でメトロノームを用意してトレーニングをするお話をしましたが、ローラー台はどのメーカーのものでも、ペダリングに伴う騒音があります。それを逆手にとり、その音に耳を澄ましてください。その音が一定ならば、同じパワーをかけ続けているということです。感覚を重視しながら、集中しやすいのがローラー台です。

狙いを絞ってトレーニングをする

ローラー台でできたことは、レースでもできます。

たとえば、実走のトレーニングで非常に激しいインターバルなどは行った後は、地面に倒れこんでしまうこともあるでしょう。ですが、ローラー台ならばその心配は要りません。

ローラー台は、そういう狙いを絞ったトレーニングには効果的です。高い負荷でも

本質 逃げ道がないローラー台

→ 自転車を振れないから、フォームを変えて疲労をごまかすことが難しい

→ 狙いを絞って負荷をかけるトレーニングには向いている

フォームを崩さずに走れたり、倒れこんでけがをする心配がないなど、激しいインターバルに向いています。

ローラー台で激しいインターバルがこなせたということは、実走やレースでも同じことができるということですから、自信にもつながるでしょう。

●トレーニングの工夫

ローラー台でのトレーニングには、実走にはない工夫も必要です。

集中力を維持できるならば、モチベーションを上げるために、レースの映像を流してもよいでしょう。また、iPhoneやAndroid携帯アプリでパワー（W）指定ができるWahooなどの、パワーメーター負荷付きのローラー台も使い勝手がよいでしょう。

ホイールからの音を聞く

ペダリングに伴い、リアホイールから音がする。音はペダリングのリズムを反映している。このリズムをトレーニングに有効活用する

キーワード　ローラー台トレーニングの準備

ローラー台の下に、騒音防止用のマットや段ボールを敷いたほうがよい。また、風がないので、扇風機を用意する。汗が自転車を傷めないよう、タオルも準備しておいたほうがよい。

CHAPTER 5

10 トレーニングは高強度から

● 短時間・高強度から入る

次に、トレーニングの流れについて解説しましょう。

トレーニングは短時間・高強度から。これが基本です。月単位でも、日単位でもこの原則は変わりません。世界的にもそうなっています。

日本ではなぜか、シーズンインをしてからしばらくは、長時間・低強度のＬＳＤなどを中心にトレーニング中心に行う選手が多いようです。

しかし、世界のトップ選手はシクロクロスを走ったり、トラック競技である「6日間レース」などを走って高い強度での激しいインターバルを行う選手が多いです。

短いスパンで考えてみましょう。

例えば合宿を行うとき、脚がフレッシュな1日目や2日目に長距離トレーニングをするでしょうか？

しませんよね。

それでは、3日目に激しいインターバルを入れても、脚が疲れていて大きな力は出ません。

一年を通した自転車のシーズンも同じです。フレッシュな前半は短いインターバルや、踏み所を得るためのトレーニングを中心に行い、だんだん距離を伸ばしていくのがおすすめです。

注意しなければいけないのは、寒い中、筋バランスがよくないのにいきなり筋肉に負荷をかけるトレーニングを始めると、膝や筋肉を傷める危険性があることです。自分の体と相談しつつ、ペースに合ったトレーニングを

本質　トレーニングは高強度からはじめる

→ 心身がフレッシュな時期に高強度のメニューを行う

→ その後、強度は維持したままトレーニング全体のボリュームを増していく

しましょう。

● トレーニングのボリュームが増す

そしてトレーニングを積むにつれ、**トレーニング全体に高強度が占めるボリュームが増していきます。短時間・高強度から長時間・高強度に移行するイメージです。**

シーズン中に80前後ものレースを走るプロ選手は、このようにトレーニングを積んでいます。

もっとレースが少ないホビーレーサーは、ご自分のレーススケジュールに合ったトレーニング計画を作らなければなりません。しかし、基本は変わりません。同じように、短時間・高強度からはじめることをお勧めします。

フレッシュな状態で高強度メニューを行う

オフ明けの心身がフレッシュな状態こそ、高強度メニューを行うことが重要になる

キーワード ▶ 強度と時間

インターバルなど短時間・高強度のメニューと、LSDなど長時間・低強度のメニューは対照的なものとみなされる場合が多く、どちらが効果的か議論がある。

CHAPTER 5

11 オフは実在するか？

●「シーズンオフ」を疑う

低強度から入るべきだとする人はしばしば、シーズンオフの存在を理由に挙げます。オフによりパフォーマンスが落ちているから、低強度のトレーニングを行うべきだというものです。

そもそも、オフにそこまでパフォーマンスは落ちるでしょうか？ たとえば3週間のシーズンオフをとったとして、それまで積み重ねてきたものがすべて失われるのでしょうか？　そんなはずはありません。

シーズン中に、ケガによって意図しない「オフ」を取る選手がいます。レースを観戦することが好きな方はたびたび見るケースだと思います。

そういう選手たちも、早ければ2～3週間でパフォーマンスを戻してきます。その間、LSDだけやっていたということは考えられません。

私は、シーズンオフに体力が落ちるというのは、選手の相当程度にある思い込みだと考えています。

サクソバンクでは、11月の最初の合宿でも選手たちのパフォーマンスは相当のものでしたし、その時期から高強度のトレーニングを行っていたことはもうお伝えしました。もちろん、ピーク時に比べるとパワーは多少低いのですが、LSDだけ、ということはありえません。

積み上げてきたものは、そう簡単には崩れません。それは、仕事によりトレーニングから離れてしまったホビーレーサーにも当てはまるのではないでしょうか。

本質　オフを意識しすぎない

→ シーズンオフ後も、極端にパフォーマンスが落ちることはない

→ オフ明けから高強度のメニューを行っても問題はない

1月のシーズンイン

近年のレースシーンではシーズンインが早まる傾向にある。写真は1月にオーストラリアで行われるツアー・ダウンアンダー

キーワード シーズンオフ

秋〜冬にかけてのレースがない時期のこと。かつては月単位で自転車から離れる選手もいたが、近年は短いオフを複数回とる選手も多い。

CHAPTER 5

12 メニューの紹介

● 無数にあるメニュー

具体的なトレーニングメニューをご紹介します。とはいえ、トレーニングメニューは無数にありますし、実際のトレーニングは多くのメニューを組み合わせて行いますから、さらに複雑です。あまり考えすぎる必要はありません。強度を基準として、基本的なものをご紹介します。

もっとも低い強度は「ディスタンスペース」。後で解説しますが、いわゆるLSDと思ってください。その上にミディアム走があり、さらに上にハイミディアムがあります。ハイミディアムが、パワーでいうとFTP（LT）に相当します。

さらにその上が、TT（タイムトライアル）走。そして、インターバルが5分〜6秒まで、10通りほどあり、もっとも強度が高いのが、スプリントです。おおざっぱに分類すると、このようになります。

● メニュー同士の組み合わせ

いずれかのメニューのみを単体で行う場合は稀です。通常、メニュー同士は組み合わせて行います。

たとえば、時間を決めて、ミディアムとハイミディアムの間を行き来するようなメニューも行います。

そして、どの場合でも、1章〜2章でお伝えした、フォームの本質は意識して行ってください。乱れたフォームでメニューをこなしても、得るところは何もありません。

本質 強度で分類したトレーニングメニュー

→ ディスタンスペース〜スプリントまで、強度別に多くのメニューがある

→ メニューは単体ではなく、組み合わせて行うのが通常

メニュー一覧

強度別に主なメニューを並べると以下のようになる

高強度

- スプリント
- 6秒インターバル
- 20秒～40秒インターバル
- 1分～3分インターバル
- TT走
- ハイミディアム走
- ミディアム走
- ディスタンスペース

低強度

キーワード　FTP（LT）

FTPとはパワーメーターを使ったトレーニングの用語で、一定時間継続できる最大平均パワー。LTは心拍トレーニングの用語で、有酸素運動が無酸素運動に切り替わる領域のことを指し、強度はほぼFTPに等しいといわれる。

CHAPTER 5

13 メニューはレースから逆算する

「よいメニュー」はない

よく、「どんなメニューがよいのですか？」と聞かれます。ＬＳＤをやったほうがいいのか、それとも、最近流行っている高強度のインターバルをしたほうがいいのか……。

あるいは強度にこだわり、「ＦＴＰの何％くらいでトレーニングすればいいのでしょうか」と聞く方もいます。

こういった質問はすべて、無意味です。なぜなら、発想が逆だからです。料理の先生に「健康になりたいのですが、今夜、何を食べればいいのか教えてください」と聞くのと同じです。答えようがありません。

私はこのように聞かれると、「あなたには何が必要なのですか？」と聞き返します。必要なトレーニングが何かわからなければ、アドバイスのしようがないためです。

狙いは何か？

何が必要かは、狙うレースによって変わります。一定ペースで淡々と走るヒルクライムを狙うのに、インターバルを繰り返しても意味はないでしょう。逆に、クリテリウムを狙うのに、ヒルクライムを繰り返しても、効果はないはずです。**必要なメニューは、レースから逆算するしかありません。**５分くらいの上りで遅れてしまうことが多いならば、上りでの５分走を重点的にやるべきです。

食べたいものが決まってはじめて、レシピを学ぶことができます。同じように、クリアしたい状況が決まらなければ、トレーニングで何をすべきかは見えてこないでしょう。

本質　レースに即してトレーニングメニューを決める

→ どのようなレース・状況を目標とするかによって、必要なメニューは変わる

→ 弱点から逆算するのもひとつの手法

レース状況からメニューを組み立てる

あらゆるメニューは、レースやレースの特定の状況に対応している。常にレースを意識してメニューを行おう

クリテリウムレース

↓

インターバルトレーニング

短時間高強度のインターバル耐性の強化

ヒルクライム

↓

LT走

長時間一定ペースでのパワーの向上

単独での独走

↓

TT走

平坦での高速走行への順応

キーワード ▶ 流行

トレーニング内容には流行り・廃りがある。かつてはLSDなどの低強度・長時間が流行したが、近年は高強度のインターバルなどが効率的だとする意見が目立つようになっている。

14 ディスタンスペース

●フォームを維持できるようにする

いわゆるＬＳＤに相当するのが、ディスタンスペースです。強度は、ＦＴＰの60%〜70%強程度です。

ディスタンスペースの目的は、効率の良いフォームを身につけることです。 2章をもう一度読み返していただきたいのですが、ペダルにきちんと体重を乗せることができるようにするのが、ディスタンスペースの狙いです。

ＬＳＤというと、通常は、毛細血管を発達させ、有酸素運動能力の基礎を作るメニューだと理解されています。もちろん、そういう効果もあります。

しかし、考えてもみてください。単に低強度の有酸素運動で毛細血管を発達させるだけならば、自転車に乗る必要はありません。ウォーキングでもいいのです。自転車に乗る以上、ウォーキングでは不可能な、自転車を進める訓練を行うべきです。

ＬＳＤはハンドルのトップを握る、と思い込んでいる方もいますが、どこを持っても関係ありません。重要なのは、ペダルに体重を乗せることです。

ディスタンスペースを、高強度のメニューの間に行うトレーニングがあります。

メニューを終え、次の高強度のメニューにむけて回復している間は、単なるレスト（休憩）ではなく、ディスタンスペースになります。高強度の後の回復も良いテンポで踏むことで、激しいレースでも回復できる体を作ります。

本質 フォームを洗練させる

→ 有酸素運動の基礎というより、フォームを洗練させる意味のほうが大きい

→ 高強度のメニュー間の移動は、ディスタンスペースに相当する

ディスタンスペースでフォームを身につける

体の使い方に意識を集中しながら、効率の良いフォームを身につける

キーワード 毛細血管

低強度の有酸素運動を行うことで毛細血管が発達し、筋肉への酸素供給能力が増すと言われている。ただし近年は、高強度の運動でも毛細血管の発達が見られることが知られるようになった。

CHAPTER 5

15 ディスタンスペースでは集中する

無意味に距離を求めない

ディスタンスペース（＝LSD）では、ロング・スロー・ディスタンスという名前のせいもあり、距離を追及してしまう方がいます。

しかし、前項でお伝えしたように、このメニューの目的は効率の良いペダリングを身につけることにあります。**無意味に長距離を走っても、まったく意味がありません。**

したがって、フォームに集中できる距離が、ディスタンスペースの上限になります。負荷が低いぶん、高強度のメニューよりも集中しやすいはずですが、それでも、4時間や5時間も継続するのは困難でしょう。

私は、必ずしも長距離を走る必要があるとは思いません。プロのレースは長いため、長距離・高強度に耐えるトレーニングをしますが、長いレースを狙わないホビーレーサーがプロと同じメニューをする必要性は低いでしょう。

自転車に乗り慣れていない人は、長い時間自転車の上で走る時間が必要ですが、もし2時間のレースを目標とするならば、ディスタンスペースも2時間を上限としてよいように思います（フォームを維持し続けられる時間が上限です）。

ディスタンスペースは距離が長いため、シーズン始めに多く行いすぎると、後のシーズン中に疲労として出てくる可能性が高くなります。

本質　距離が目的ではない

→ 集中力を保つことができる時間がディスタンスペースの上限

→ 冬場は、ディスタンスペースよりも高強度のメニューを優先させる

ホビーレースは短い

ホビーレースは、プロのレースと違い、距離が短い場合が多い。また、複数日にわたるステージレースはほとんどない

ホビーレースの競技時間

クリテリウム
→ 15分～1時間程度

ヒルクライム
→ 30分～1時間強程度

エンデューロ
→ 2時間～8時間ほど

ロードレース
→ 1時間～5時間程度

キーワード　冬場のトレーニング

伝統的には、冬場はLSD（ディスタンスペース）を長時間行い、シーズンに向けて基礎を作るべきだとされていたが、近年は高強度のメニューを冬から行う選手も多い。

CHAPTER 5

16 ミディアム走で基礎を築く

高強度メニューの基礎

ディスタンスペースのひとつ上の強度が、「ミディアム」です。パワーではFTPの80％～85％程度です。パワーメーターを使ったことがない方向けには、LSDとLT走の中間と表現してもいいでしょう。

ミディアムは、この上のハイミディアムやTT走の土台になる領域です。ミディアムの領域が強くなれば、ハイミディアムやTT走の領域を底上げできます。

ミディアムは、レースでの強度に近く、直接レースにつながる領域です。したがって、**レースを考慮すると、ミディアム～ハイミディアムは極めて重要な領域です。**ハイミディアムやTT走の「山」を高く築くために、ミディアム走で土台を固めるイメージです。

また、ハイミディアム走以上は強度が高いため、そう多くはできません。その意味でも、さほど負荷が大きくないミディアム走で基礎を築くことは重要です。

徐々に時間を延ばす

ミディアム走の時間は、長くて30分程度ですが、トレーニングの時期によって変わります。というのも、体ができていないシーズン初期では、フォームが乱れやすいためです。乱れたフォームでパワーだけ出しても意味はありません。

したがって、まずは5分～10分程度からはじめるべきでしょう。5分のミディアム走でも、フォームを維持するのは簡単ではないはずです。

本質　基礎となるミディアム走

- 強度はFTPの80％～85％程度。LSDとLT走の中間に位置する
- レースで重要になる高強度の領域を築くための土台となる領域

フォームに注意する

ミディアム走はレース強度の土台になるが、フォームの洗練も行えるメニューだ

キーワード 高強度

実際のレースはかなりの高強度で行われる。とくに、勝負どころの強度は極めて高い。したがって、レースで勝つためには高強度のトレーニングがカギになる。

CHAPTER 5

17 実戦的なハイミディアム走

● ＦＴＰ走

ハイミディアム走は、ＦＴＰ（→Ｐ159）の90〜100％前後の強度で行います。心拍トレーニングの用語ならば、いわゆるLT走に近くなります。

1本あたりの時間は、私の場合は5分〜20分くらいです。**この強度以上のメニューは、基本的にレストを挟んだインターバルとなりますが、本数やレストの時間は、狙うレースに合わせてください。**レースのコースに10分かかる上りがあれば、トレーニングでは10分走をミディアムから始め、レース前にはＦＴＰ強度でレースと同じ回数分上れたら、自信が持てるでしょう。

● ミディアム走と組み合わせる

レースに近づけるために、ハイミディアム走を、先に紹介したミディアム走と組み合わせることもよくあります。たとえば、15分のミディアム走と5分のハイミディアム走を組み合わせて20分走にします。

ミディアム走とハイミディアム走の割合はトレーニングを積むにつれ、変化していきます。**高強度が占める時間が多くなるのです。**

シーズン序盤に、15分のミディアム走と5分のミディアム走を組み合わせていた選手がいるとします。20分という全体のボリュームは変わらなくても、シーズン後半には、たとえば5分のミディアム走と15分のハイミディアム走というように、高強度の割合を増すことができるでしょう。

本質 レースを意識したハイミディアム

→ 強度はFTP相当であり、心拍トレーニングでいうLT走でもある

→ ミディアム走と組み合わせると実戦的だが、組み合わせかたは時期によって変わる

高強度のウェイトが増えていく

同じ時間のメニューでも、トレーニングを積むにつれ、高強度のメニューが占める割合を増やしていく

シーズン序盤の 20分走

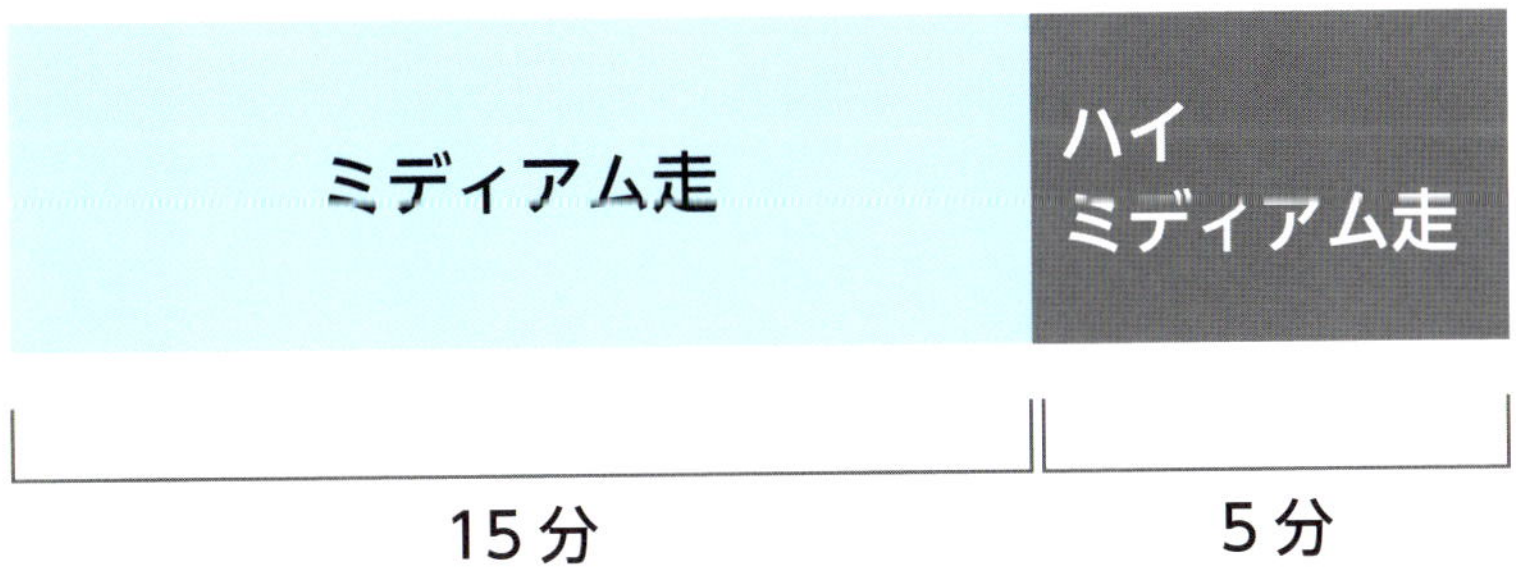

シーズン後半の 20分走

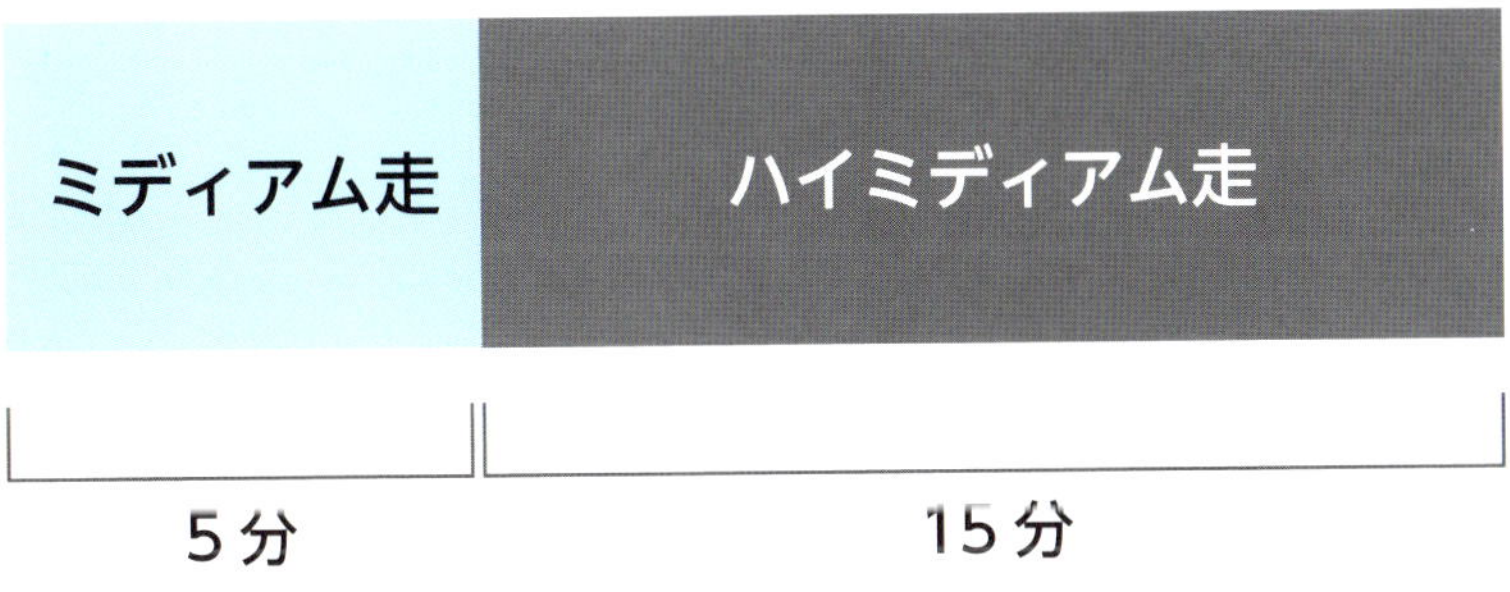

キーワード ▶ 実戦的

実際のレースでは、一定強度で走り続けることはまずない。したがって、ある程度の高強度の領域で、強度を変化させながらメニューを行うと実戦的になる。

18 TT《タイムトライアル》走とインターバル

レース最終局面のTT走

FTPの100%～120%の領域をTT(タイムトライアル)走と呼んでいます。5分から、長くても60分が限界でしょう。

TT走は、レース終盤での逃げ切りを狙った独走のイメージです。勝負をかけて力を振り絞るのがTT走ですから、勝敗を分ける領域です。また、文字通りですが、タイムトライアルの能力向上にもつながります。

●1分～3分インターバル

レース終盤がTT走ならば、**1分～3分インターバルは、ゴール前の攻防に相当します。**高い強度でのアタック合戦に対応する力をつけるのが目的です。パワーはFTPの120%を超えるでしょう。

●40秒～20秒インターバル

短く激しいインターバルです。パワーより、ペースが落ちないように行うことが重要です。

インターバルのポイント

インターバルにも、バリエーションをつけてください。ただしパワーが目標値から15%以上落ちるようならば、やめましょう。

レストの時間も決めずに、臨機応変に構成しましょう。完全に脚を回復させることもあれば、非常に短いレストで次のメニューを開始することもあります。これも、想定されるレース状況に合わせてください。

本質 独走力を身に着ける

→ 強度はFTPの100%～120%前後

→ レース終盤での逃げ切りや、ゴール前の攻防のイメージ

上ハンドルでのインターバル

パワーを出すことに集中する場合には、ハンドルのトップを持ってインターバルを行ってもよい

キーワード TT（タイムトライアル）

決められたコースの走行時間の短さを競う種目。個人で走る個人タイムトライアルと、チームで走るチームタイムトライアルがある。

CHAPTER 5

19 レース前の6秒インターバル

● 糖質を使わないため回復が早い

もっともパワーが大きいメニューがこの6秒前後のATP－CP系（無酸素）インターバルです。短時間で爆発的なパワーを出すので、身体の連動を理解しやすいトレーニングです。

しかしその一方で、回復が早いメニューでもあるのです。1日で回復しますから、レース直前や、前日にもよく行っていました。

回復が早いのは超短時間の、糖も脂肪も使わない、筋肉のクレアチンリン酸をエネルギーとする運動だからです。極めて強度が高いメニューですが、その気になれば毎日でも可能です。

● コンディションが上がる

一番の効果は、高い強度により体に刺激が入り、コンディションが上がることです。だからレース前に行うのです。

私の場合は、レース前日は6本、レースがある週の水曜日などでは、18本行っていました。レスト（休憩）は5分以上とり、完全回復させます。したがって6本行うには、1時間はかかります。パワーをあまり気にする必要はないでしょう。というより、気にしている余裕はないはずです。6秒間を全開でもがき切ることが大切です。

回復が早いこと以外にも、場所を選ばないのもこのメニューの強みです。1本は6秒で終わりますから、10分走や20分走のように、場所の確保に苦労しないでしょう。

本質　6秒インターバルは回復が早い

→ 糖・脂肪を使わないため回復が早い

→ 高強度で体に刺激が入り、コンディションを上げることができる

高強度だが回復は早い

スプリントに近い大きな負荷を繰り返しかけ、コンディションを上げる。
一方で回復は早い

キーワード　コンディション

いわゆる調子。筋力や有酸素運動能力とは異なる。レースに出ることでコンディションを上げる選手は多いが、高強度インターバルでその代替とする場合もある。

CHAPTER 5

20 6秒インターバルのバリエーション

● スプリントか、ファストペダルか

6秒インターバルは、複数のメニューがあります。少なくとも、3つには分かれます。**メニューの大きな違いは、ケイデンスです。**あえてインナーに落とし、軽いギアで150近い高ケイデンスで行う場合もありますし、80程度の低ケイデンスで行うこともあります。中間の、120くらいで行うと、実質的にスプリントのトレーニングになります。

● 「よいメニュー」は存在しない

どれがいいか？　答えはありません。P160でお伝えした原則を思い出してください。「よいメニュー」は自分でつくりましょう。もしあなたが、高ケイデンスのスキルを上げたいならば、インナースプリントを行うべきでしょう。スプリントのトレーニングとして6秒インターバルを行いたいならば、スプリントに近いケイデンスで行うべきです。

インターバルを始めるときはダンシングなのか、シッティングなのか。また、ギアの重さやケイデンスなどにより、無数にバリエーションが生まれます。

常に考え続けてください。そして常に、体に気を払ってください。**何も考えず、感じないトレーニングに意味はありません。**

自分がいま、何を得るために、何をやっているのかについて、自覚的になりましょう。目的のないトレーニングなど、ありえません。

本質　狙いから逆算する

→ ケイデンスの違いにより、6秒インターバルにバリエーションをつけられる

→ 自分が何を求めるかから逆算して、何を行うかを決定する

ケイデンスの違い

高ケイデンスでペダリングスキルを追及したり、スプリントに近い状態で行ったりと、バリエーションは多い

高ケイデンス

方法 軽めのギアで、最高で150rpm 近いケイデンスを狙う

狙い ペダリングスキルの向上

スプリントトレーニング

方法 スプリントに近いケイデンス・フォームで行う

狙い スプリント力の向上

低ケイデンスでのインターバル

方法 80 回転前後での重いギアでのインターバル

狙い 筋力・上りスプリント力向上

キーワード ファストペダル

短時間を高ケイデンスでもがき切るメニューをファストペダルという。ギアをインナーに落とす場合は、インナースプリントという表現もある。いずれにしても、6秒インターバルに近いメニューである。

CHAPTER 5

21 スプリントのフォーム

頭を下げることも重要だが……

スプリントに近い6秒インターバルですから、スプリントのフォームについても解説しておきます。

空気抵抗を減らすことを意識しすぎる方は少なくありません。確かに、スプリントは高速ですから、空気抵抗の影響が増し、空気抵抗の削減は重要です。

しかしそのことによってフォームが乱れてしまっては元も子もありません。

胸を開く

私は、スプリントのフォームでもっとも重要なのは「**胸を開く&肩の力を抜く**」ことだと思います。胸を開けば呼吸が楽になるし、速いスプリントでも押さえが効きます。

ホビーレーサーには、スプリントの時に限らず、胸を閉じて小さくなって走る人が多い印象があります（ひと昔前は背中を丸めろ！　という教えもあったようです）。強い選手に実際にレース以外で会った時に、思ったよりも身体が細くて驚いた経験がありませんか？　彼らは自転車の上で胸を開くから、体が大きく見えるのです。

胸を開くというのは、肩胛骨を寄せることで結果的に、胸が張ることです。肩の力を抜きお尻や体幹を使って走る姿勢を意識したほうがいいかもしれません。

ホビーレーサーのかなりは、胸を閉じ、肩が上がった状態で走っています。それでは呼吸も不十分になりますし、速く走ることはできません。写真などで確認してください。

本質　胸を開く

→ 肩胛骨を寄せて肩を下げ、胸を開くことを意識する

→ スプリントに限らず、胸を開くことは重要

肩甲骨を寄せ、胸を開く

背中の肩甲骨を寄せて胸を大きく開き、呼吸を楽にすることを意識する

キーワード 肩甲骨

左右の肩の背中側に存在する、三角形に近い骨。したがって、背中側にある肩甲骨どうしを寄せると、反対側にある胸は左右に開く。

CHAPTER 5

22 骨で押すSFR

筋力トレーニングではない

上りであえて重いギアに入れて低ケイデンスで走り、筋肉に負荷をかける「SFR」というメニューがあります。有名なので、ご存知の方が多いでしょう。

一般には筋力トレーニングとされるSFRですが、私はそうは捉えていません。もちろん筋力を鍛えることもできるでしょうが、**それ以上にSFRは、骨で押す（→1章）ペダリングを身につけるためのメニューです。**

低ケイデンスで行うため、骨で押す感覚を理解しやすいのです。

言うまでもなく骨で押す感覚を忘れないことは重要ですから、シーズンを通して行っていました。特に、感覚を忘れがちなシーズン初めには重要なメニューです。

上りでなくてもOK

SFRは上りで行うことになっているようですが、勾配のキツイ上り坂で行う必要はありません。3%〜5%の上り坂で行うことをお勧めします。慣れてきたら8%でもできるでしょう。

平坦で行ってもいいでしょうし、向かい風の平坦は特にお勧めです。競輪選手が古タイヤを引くトレーニングをしているのを見たことがある方もいるかもしれませんが、あれも一種のSFRです。もちろん、ローラー台の上でも、可能です。40〜50回転くらいのケイデンスで、行ってください。

私は2分〜3分程度のインターバルを5本ほど行う場合が多いですが、時間や本数にあまりこだわる必要はないでしょう。

本質 骨で押す感覚を得る

→ 低ケイデンスでペダリングをするSFRは、骨で押す感覚を理解しやすい

→ 上りだけではなく、平坦やローラー台の上でも行える

SFRで「骨で押す」

「骨で押す」イメージをつかむためのSFRは、ローラー台でもSFRは可能だ

キーワード 向かい風

向かい風が強い日は、サイクリングロードなどでも、速度を出さずに負荷をかけることができる。ただし、追い風時には速度の出しすぎに注意する。

23 補助トレーニング① スクワット

物を持つ

臀部の筋肉を中心に鍛えられるスクワット。一か月は自重のみでトレーニングし、その後少しづつ重いウェイトを持つようにする

ターゲット
▼
臀部

1

まっすぐ立ち、骨盤と膝を同時に動かし始める。

2

膝が前方に出ていかないように注意しながら、ゆっくりと腰を落とす。

腿を内側に絞る

腿を、両足の内側に絞り込むようにして行う。10回×４セットからはじめ、慣れてきたら15回×４セットまで増やす

1

足は肩幅に開き、手は胸の前に位置する。垂直に腰を落としていく。
腿を、両足の内側にゆっくりと絞り込むように腰を落とす。

2

ゆっくりと、腿が地面と平行になるまで腰を落としていく。

CHAPTER 5

24 補助トレーニング② ランジ

バーを持つイメージで

ランジでは、臀部も含めた脚全体の筋肉を鍛えることができ、ペダリングに安定感を出すことができる

ターゲット
▼
臀部〜脚

1

ウェイトなしで行う場合も、バーなど、重量物を持つイメージで行う。

2

息を吐きながら、腿が水平になるまで姿勢を下していく。体をほぼ垂直に下すよう注意。

体重は踏み出した脚に乗せる

体重は踏み出した脚（写真では右脚）に乗せる。軸足（写真では左足）は地面に触れているだけ。15回×4セットほど

1

上半身を直立させたまま、脚は肩幅程度に開く。

2

鍛えたいほうの脚を踏み出す。戻す際には床を蹴った反動に頼らず、ゆっくりと立ち上がる。

ウェイトを持たないデッドリフト

ウェイトは最大で、体重の 1.5 倍まで増やせるが、はじめはウェイトなしでもよい。10 回× 4 セット程度からはじめる

ペダリングのポジションを意識する

ペダリングに関係する脊柱起立筋（2章）を鍛える。フォームが、ペダリングのポジションに近い点に注意。ウェイトを上げる際に息を吐く

ターゲット
▼
脊柱起立筋

1

肩幅に脚を開き、ウェイトを持って立つ。

2

上体を下げていく。ペダリングの際のように、腰が丸まらないように注意。尾てい骨から頭までが串刺しになっているイメージで行う。

3

息を吐きながらウェイトを上げる。腰に痛みがある場合は行ってはならない。

肩甲骨をほぐす

肩甲骨を寄せ、胸を開く（P176）ために重要なストレッチ。肩甲骨の可動性を確保する。両手足をつき、上半身を円を描くように回す

1

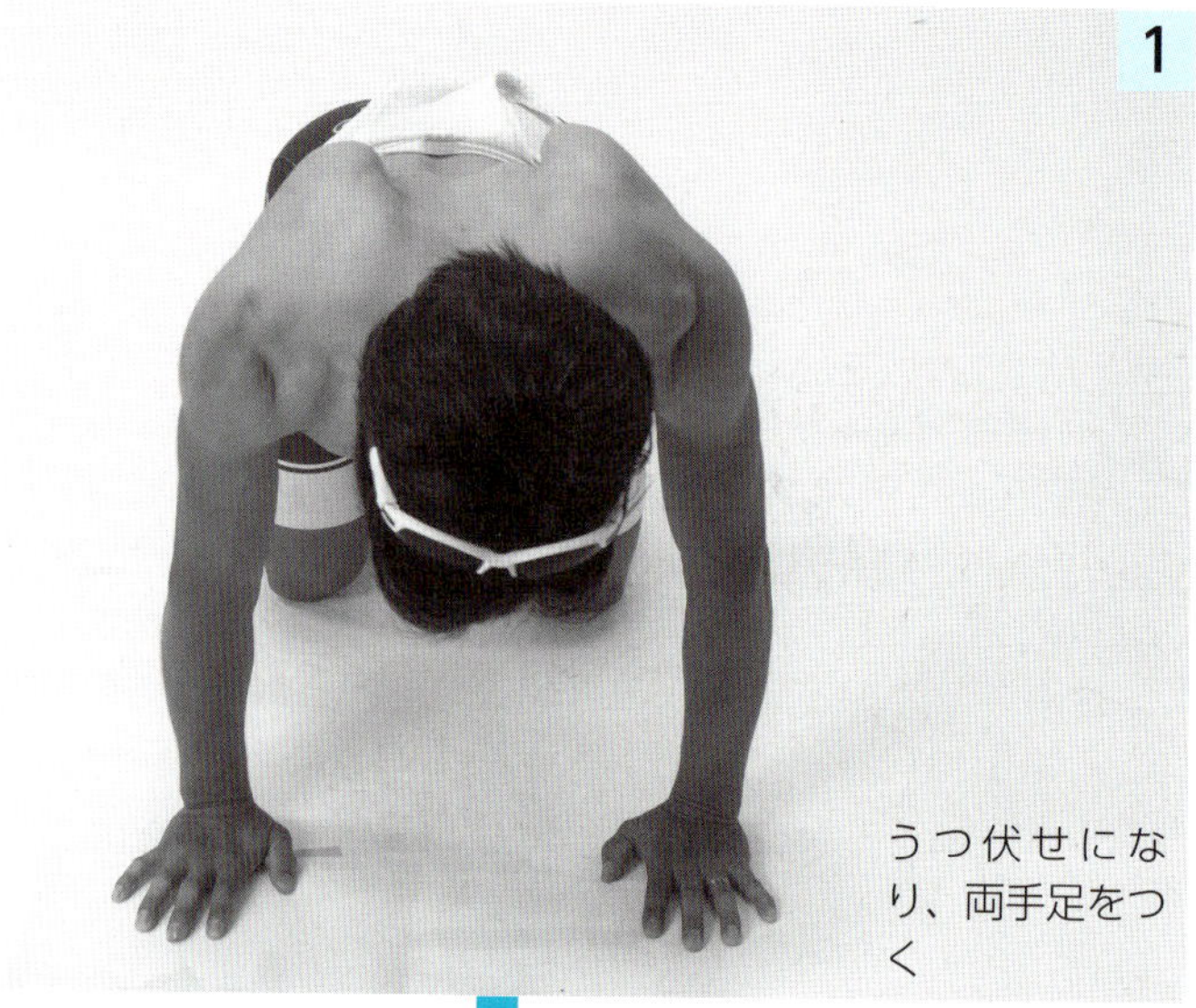

うつ伏せになり、両手足をつく

2

ゆっくりと、上体を左右どちらかに傾ける

ターゲット
▼
胸を開くための肩甲骨

3

次に、上体を前方（頭のほう）へと傾ける。円をえがくようにスムーズに

4

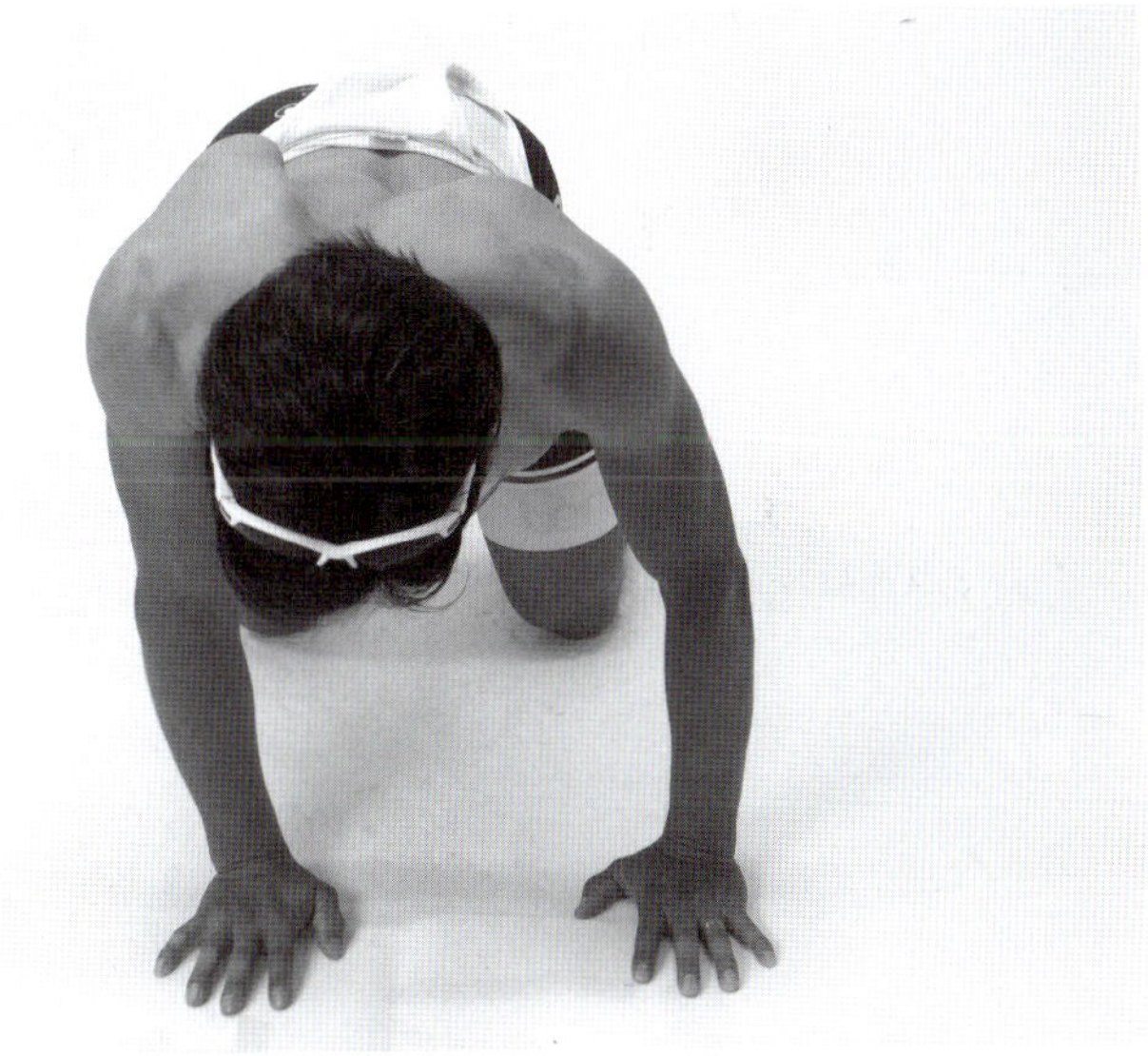

写真 2 の反対側に体を傾ける。肩甲骨が飛び出していることがわかる

27 ストレッチ② 足の指のストレッチ

足指も忘れない

ペダリングの際に使われる足の指をストレッチでほぐす。親指から小指に向けて指の一本一本に体重をかけ、ほぐしていく

ターゲット▶ ペダリングで疲れた足

CHAPTER 5

28 ストレッチ③ 鳩のポーズ

肋骨をほぐす

胸を開き、呼吸する際に重要な肋骨をストレッチする。写真のポーズで 10 秒ほど維持し、左右を入れ替えて行う

ターゲット▶ 上体のフォームに関わる肋骨まわり

column
6

サクソバンク、そして引退

その後私は、NIPPO、ファルネーゼ・ヴィーニを経てサクソバンクに至ります。UCI プロチーム（現在はワールドチーム）で走る日本人はごくわずかですから、広く注目されました。

しかし世界トップチームで走るということは、あくまで表面的なことだったと、私は思っています。

サクソバンクは決して特別なチームではありません。もちろん、一見華やかですが、それは本質ではありません。

潤沢な予算がなければ、海外や遠方での合宿はできません。しかしお金を掛けなくてもできることなど、いくらでもあります。サクソバンクでの２年間が、私の選手生活で特別だったということはありません。今までのように、変化を積み重ねていただけです。

「特別ではない」という意味では、2014 年の引退もそうです。引退を決めたのは、発表の場となったジャパンカップの３日前でした。

理由は「なんとなく」です。なぜなら、引退は劇的な勝利などの「事件」ではなく、事件の終わりに過ぎないからです。花が咲くのは、事件です。でも散ることに何か、理由が必要でしょうか？

それは、ひとつの変化にすぎません。選手としての私は変化を積み重ねてきましたが、そのうちのひとつが引退だったというだけなのです。

6章 テクニック

contents

CHAPTER 6

1 ドラフティングの基本

距離を詰めすぎない

集団走行の基本テクニックであるドラフティングは、前の選手との距離を縮めることで、空気抵抗を減らすものです。

したがって、前の選手との距離を詰めるほど楽になるイメージがありますが、実際は距離を詰めすぎると、前走者の微妙な加減速に合わせる必要が生じ、余裕を失います。接触による落車リスクも増すでしょう。

前走者との距離は、ホイール1／4〜半分空けることをお勧めします。

しかしホイールを見てはいけません。レース全体の状況がつかめません。目線は前走者の腰が基本です。腰を見るとその周りも見えるので、距離をつかむ練習を重ねてください。

誰につくか？

多くの選手が走るプロトンの中で、誰につくかという問題もあります。

私は、自分より大柄な選手を勧めます。それは、空気抵抗を減らせるという理由だけではなく、大柄な選手は一般にタイムトライアルが得意で、独走力に富み、加減速も少ないからです。

逆に、ついてはいけない選手は、妙に動きが激しい選手です。相手につきあっているだけで疲れてしまいますし、落車リスクが増します。注意してください。

自らが先頭に出る先頭交代のポイントは多くありますが、基本は周囲のリズムを崩さないことです。急加速・減速は避けてください。

本質　距離を詰めず、腰を見る

→ 距離を詰めすぎるとかえって疲れるので、前走者とはホイールひとつ分ほど距離をあける

→ 前走者の腰を見ると、視線が下がりすぎず、全体の状況を把握しやすい

ドラフティング

前走者のスリップストリームに入ることで、体力の消耗を抑えられる

キーワード ドラフティング

他の選手の後ろに位置することで空気抵抗を減らすこと。集団が少人数の場合は、ローテーションによる先頭交代の義務が生じる場合もある。

CHAPTER 6

2 位置取りのポイント

● 流れを知る

集団内で、脚を使わない位置取りをするためには、集団全体の「流れ」を知る必要があります。

基本として、先頭に出ると風を受けて消耗しますが、後ろにいると、遅れるリスクがあります。したがって、その間に居場所を作らなければいけません。

近年のトッププロのレースでは、チームの強力なトレインができています。したがって、位置を上げる選手は、集団の外側から被せるように上がるしかありません。そのせいで、**両サイドには前方に向かう選手の流れ、中央には後ろに下がる選手の流れが生じます。**

強力なアシストを使えるなら別ですが、単独で走っている場合は、ずっと前にいることはできません。しかし、この流れに乗ってしまうと、位置を下げることになります。

その場合私は、前に上がろうとするラインの、ひとつ内側に位置します。

「渦」の外縁といっていいこの場所には、不思議な滞留が生じます。外側からは抜かれ、内側には下がっていく選手たちがいる。しかし、両者の流れには乗りませんから、位置は変わりません。

この位置ならば、勝負がかかったときに素早く前に出ることもできます。

2011年の、デンマーク・コペンハーゲンでの世界戦ではこの方法を使って、最終コーナーまで位置を保っていました。

本質 集団の流れを知る

→ 先頭に出ると風を受け、後方では遅れるリスクがある

→ 前に上がりたい選手と、後ろに下がっていく選手との流れを把握し、その中間に位置する

2011年世界選手権ロードレース

平坦基調のコースレイアウトだったため、多くのスプリンターたちが勝利を狙った

キーワード 世界選手権 2011

ロードレースでは宮澤崇史以外に、別府史之、新城幸也が参加。落車があり、別府と新城は集団から遅れたが、宮澤は単独で30位に入った。優勝はマーク・カベンディッシュ（イギリス）。

CHAPTER 6

3 状況を切り分ける

● レースの流れ

レースがはじまると、まず逃げを作るためのアタック合戦があります。**その時間に耐えたら、状況を確認しましょう。**

どのチームが勝ちに来ているのか、誰が強いのか。チームメイトがいれば、状況を共有してから作戦を修正してください。

次に気を付けなければならないのは、風と上りです。

風があれば集団が割れる可能性がありますし、上りでは勝負にでる選手（チーム）もあるでしょう。こういった、危険なポイントはレース前に確認してください。

動きがない時間帯は、集団内で脚を休めましょう。ただし、ふらついている選手からは距離を置いてください。落車につながります。

● 情報を共有する

チームとして大切なことは、情報を共有することです。したがって、話しやすいよう、レースが動いていなくてもチームメイトの近くにいるようにしましょう。

また、どのタイミングで勝負のために集団の前方に上がるかも、あらかじめ決めておく必要があります。

● レースの残り20km

レースにもよりますが、残り距離が20kmを切ったころから、ゴールでの勝負に向けた動きがはじまりますので、前に出ます。**単独での参加なら、このタイミングで前に出るチームに乗じて位置を上げる手もあります。**

本質 レースには流れがある

→ レースが動く時間帯と、そうでない時間帯があることを理解する

→ チームメイトがいれば、情報を共有し、一緒に動くようにする

チームメイトとの会話

レース中であってもチームメイトとは頻繁に会話し、情報を共有しなければならない

キーワード アタック合戦

レース開始直後は、逃げたい選手たちが激しくアタックをかけるため、速度が上がる。逃げが確定すれば、レースはいったん沈静化する。

4 上りをこなす

● 上りのポイント

勝つためには先頭集団でゴールにたどり着く必要がありますが、クリアしなければいけない状況がいくつかあります。

上りは、その代表的なものでしょう。私も上りは得意ではありませんでした。

上りのポイントは、先頭で入らないことです。 先頭に出るとずっと踏み続けなければいけません。先頭交代のタイミングをズラしてでも、先頭は避けていました。

そしてマイペースで上りましょう。抜かれても気にする必要はありません。重要なのは、集団内に残ることです。集団に残れれば、あとで位置を回復できるからです。

上り口では、自分の前の選手の速度が落ち、詰まってしまうことがあります。 合わせて速度を落とすのはもったいないので、ラインを変えてください。

シッティングだけでは、特定の筋肉だけが疲労します。ダンシングも織り交ぜましょう。

● 落車を避ける

機材が壊れ、最悪、命にもかかわる落車は、ホビーレーサーにとっても避けたいアクシデントです。私は落車が少ない選手だったと自負しています。それは周囲をよく見ていたからでしょう。

気持ちに余裕がない選手から離れるのが、落車を防ぐポイントです。**そのために、ペダリングをよく見ていました。** 余裕がない選手は、ペダリングが乱れているからです。

本質　上りをこなし、落車を避ける

→ 上りには先頭で入らず、ダンシングを織り交ぜつつマイペースで上る

→ ペダリングを見て余裕がなさそうな選手からは距離をおく

上りをクリアする

先頭で入ることを避け、またダンシングを織り交ぜることで疲労を防ぐ

キーワード 落車

カーボン機材は多くの場合、メーカーが落車後の交換を前提としている。目に見えないクラックなどの恐れがあるためだ。したがって、ケガを免れても金銭的な被害は大きい。

5 自分よりも強い選手に勝つ

あらゆる手を尽くす

私は、パワーには自信がない選手でした。だから、常に、自分よりも強いライバルを相手に戦ってきたといっても言い過ぎではないでしょう。特に外国では、プロトンのほとんどの選手は、私よりもずっとＦＴＰが高かったはずです。

彼らと戦うための手段が、スキルです。ペダリングだけでも、かなりのページを割いてお伝えしたように、たくさんのスキルがあります。

自分よりも強い選手がいたら、脚を使わせればよいのです。ゴールまでに疲労させることができれば、勝つことができます。

無駄なところで脚を使わず、少しでもパワーを節約しましょう。先頭交代が回って来たら、先頭に出る時間を短くするのもいいでしょう。

そして、ライバルはよく観察してください。必ず弱点があるはずです。

インターバルに弱そうならば、繰り返しアタックを仕掛けてください。特に強力なスプリント力を持つ選手は、インターバルに弱いケースが多々あります。恐れる必要はありません。

ジャブを仕掛け続け、一方自分は、極力消耗しないように走る。そうすれば、ゴールに近づくころには形勢が逆転しているはずです。

スタート前にどれほどパワーを誇っても、あまり意味はありません。ゴール前で一番強い選手が勝つのです。レースはパワー勝負ではなく、**最初にゴールラインを割った選手が勝者なのです。**

本質 自分よりも強い選手に勝つ

- → レースはパワー勝負ではない
- → ゴールまでにライバルを消耗させ、自分が優位に立てていれば勝機が見えてくる

勝利

最初にゴールラインを割ったものが勝者となる

キーワード アタック

ゴールまでに消耗を防ぎ、ライバルを疲労させる必要がある。アタックはもちろん消耗につながるが、自身が消耗した以上にライバルの体力を奪えれば成功といえる。

索引

索引

おわりに

本書を読み続けてください

速くなることとは変化であり、変化には終わりはありません。選手を引退した私も、今なお変化の過程にあります。

本書は、ロードレーサーとしての変化を助けるための本です。

変化は、一度に起こることはありません。少しづつ、しかし確実に進むのが変化です。

本書は、一回読んだだけで理解することは不可能だと思います。なぜなら、変化し、次の段階に進んではじめて見えることがあるからです。

ですから、一度に本書を理解しようとする必要はありませんし、おそらく不可能です。まずは1ページでも結構ですから、読み込んで理解したうえで実際に体を動かし、あなたの体を変化させてみてください。すると、つぎの1ページが理解できるようになるはずです。

本書は、昨日ロードバイクを買った運動経験皆無の方にも、また、全日

本選手権で勝利し、世界に羽ばたこうという国内プロにとっても必要な情報が書かれていると自負しています。それは、本書を読み、体を変化させることにはかなりの時間がかかるということでもあります。だから、本書を長く読み続けてもらえれば幸いです。

本書が今後も、変化し続ける、つまり速くなり続けるあなたと共にあることを願っています。

宮澤 崇史

著者プロフィール

宮澤 崇史（みやざわ たかし）

1978年生まれ。長野県出身。
高校卒業後自転車競技の道に入ったが、23歳のとき、母親に肝臓の一部を移植。回復後はツール・ド・北海道2連覇、2010年全日本選手権優勝をはじめ国内外で多くの結果を残す。2012年には世界最高レベルのチーム「サクソバンク」に移籍するなど、世界的に活躍した。2014年引退。

STAFF

企画、編集、構成	佐藤 喬
撮影	加藤陽太郎
写真提供	高木秀彰　辻啓
本文デザイン・DTP・イラスト	HOPBOX
カバーデザイン	Super Big BOMBER INC.
編集協力	目良夕貴

宮澤崇史の
理論でカラダを速くする
プロのロードバイクトレーニング

2016年1月1日　初版第1刷発行
2016年6月1日　初版第3刷発行

著　者　宮澤 崇史
発行者　穂谷 竹俊
発行所　株式会社 日東書院本社
〒160-0022　東京都新宿区新宿2丁目15番14号　辰巳ビル
TEL：03-5360-7522（代表）　FAX：03-5360-8951（販売部）
振替：00180-0-705733　URL：http://www.TG-NET.co.jp

印　刷　三共グラフィック株式会社
製　本　株式会社セイコーバインダリー

ISBN978-4-528-02051-1 C2075